AF284123

WELTKIND: RÜCKKEHR UND TRANSITION MIT KINDERN

CHRISTINE SCHUPPENER

WELTKIND

RÜCKKEHR UND TRANSITION
MIT KINDERN

INHALT

● ● ● ●

Zurück – wo liegt das?

KOFFER, KUNST UND KOLIBRIS

ISBN 9783752811315

2. Auflage 2019
Erste Auflage 2018

© 2018 Christine Schuppener
Herstellung und Verlag: BOD – Books on Demand, Norderstedt
Ursprünglich erschienen im GABAL Verlag GmbH, Offenbach
Alle Rechte vorbehalten. Nachdruck, auch auszugsweise, nur mit
schriftlicher Genehmigung der Autoren.

Autorenfoto: Sonia Epple
Coverdesign und Satz: Daniel Zabel
Illustrationen: Jana Schuppener

VORWORT

Seit mehr als zehn Jahren begleite ich Menschen, die aus dem Ausland zurückkehren. Dabei bin ich immer wieder fasziniert von den vielseitigen Erfahrungen, die Kinder und Jugendliche in den verschiedenen Ländern machen. Was für ein Privileg es doch ist, so jung schon andere Kulturen kennen zu lernen; eine unbezahlbare Blickfelderweiterung.

Gleichzeitig sehe ich auch eine innerliche Spannung in den Kindern und Jugendlichen, die in ihr Land oder das ihrer Eltern zurückkehren.

Es ist die Herausforderung, das Erlebte und Gewohnte aus dem anderen Land zurück in der Heimat einzuordnen und beide „Welten" für sich zusammenzubringen. Immer wieder treffe ich Erwachsene, die selbst als Kinder eine Zeit lang im Ausland waren. Auch sie berichten von dem Spagat zwischen den Welten, den sie als Kind erlebt haben.

Die wichtige und oft unausgesprochene Frage lautet: Wie kann das, was ein Kind, ein Jugendlicher oder eine Familie im Ausland erlebt hat, zurück in der „Heimat" weiter bewahrt und gelebt werden?

In der Rückkehr muss vieles schnell entschieden werden. Eltern sind außerdem meist enorm herausgefordert, wieder eine gute Lebensumgebung zu schaffen.

Kinder und Jugendliche stehen im „Reentry" meist in einem anderen Spannungsfeld als Erwachsene, denn sie haben wichtige Jahre ihrer Entwicklung in einer anderen Kultur gelebt.

Sie haben Freunde gefunden und sich den lokalen Bedingungen zum Teil angepasst. Diese Umgebung ist für sie normal und vertraut geworden. Die „heimische Kultur" kennen sie oft nur von Besuchen. Beziehungen zur Familie in der Heimat sind ihnen wichtig und doch vielleicht auch ein bisschen fremd.

„Alle wissen was zu tun ist, wenn die Stunde zu Ende ist und laufen in verschiedene Richtungen, ich stehe einfach da und weiß nicht was ich tun soll", sagt Tobias nach der ersten Schulwoche in Deutschland. „Die reden von einer Fernsehsendung und den Schauspielern und ich habe das noch nie gesehen, ich fühle mich ausgeschlossen", sagt die Siebtklässlerin Sophia. So geht es vielen Kindern und Jugendlichen bei der Rückkehr. Sie fühlen sich als Beobachter mit einem fremden Hintergrund.

In diesem Buch wird immer wieder von „Transition" gesprochen. Dieses Wort bezeichnet einen Übergang von einem Land, einer gewohnten Umgebung ins nächste Land mit einer anderen Kultur und anderen Ansprüchen an den Alltag.

Transition beschreibt einen Zeitraum, in der die eine Lebenswelt in den Hintergrund tritt und die andere noch nicht klar erkennbar ist. Eine Art Leben zwischen den Welten. Ein Prozess, in dem das Kind schon losgelöst ist von seinem Freundeskreis und dem gewohnten Rhythmus im Alltag, ein neuer Rhythmus mit neuen Freunden aber noch nicht gefunden ist. Manchmal ist es auch der Fall, dass Kinder und Jugendliche eine Zeit lang im Ausland leben, zurückkommen und dann mit ihren Familien später wieder ins Ausland ziehen. Auch dann ist die Rede von Transitions-Phasen.

Viele junge Erwachsene, die als Kinder in einer anderen Kultur gelebt haben, finden es nicht leicht, sich in der Heimat der Eltern ganz heimisch zu fühlen. Sie fühlen sich oft hin und her gerissen und können nicht wirklich ankommen in einer Kultur.

Die Meinung, dass Kinder sich schnell wieder eingewöhnen, ist weit verbreitet. Das mag bei oberflächlicher Betrachtung richtig erscheinen. Viele Kinder zeigen allerdings nicht, wie schwer es ihnen fällt, in ihrer Umgebung wieder dazuzugehören. Innerlich empfinden sie Trauer oder ein Durcheinander von Gedanken und Gefühlen. Viele Kinder wissen nicht, wie sie diese Empfindungen ausdrücken können oder möchten sie auch nicht äußern, um die Harmonie in der Familie zu schützen.

Mir ist es ein Herzensanliegen geworden, dass Freiräume für Kinder und Jugendliche entstehen, in denen sie über ihre Erfahrungen und Veränderungen reflektieren können. Ich bin immer wieder erstaunt, wie auch schon ganz kleine Kinder durch diese Möglichkeit in der neuen/alten Heimat viel besser wieder Fuß fassen können.

So ist dies ein Buch für Eltern und Menschen, die Kinder und Jugendliche im Prozess der Transition begleiten und Freiräume ermöglichen möchten, in denen die Kinder gehört werden.

Es ist auch ein Buch, das sich an Kinder und Jugendliche selbst richtet. Mit den DIY-Seiten bietet das Buch praktische Möglichkeiten, die eigenen Erfahrungen individuell zu reflektieren. Ergänzend finden Sie Kopiervorlagen zum herunterladen unter www.schuppener-global-transitions.com.

Aus Gründen der besseren Lesbarkeit wird nur eine Geschlechterform verwendet. Selbstverständlich sollen hiermit beide Geschlechter angesprochen werden.

Christine Schuppener

● ○ ○ ○

Zurück – wo liegt das?

KOFFER, KUNST UND KOLIBRIS

„ZURÜCK" – WO LIEGT DAS?

„Wir gehen im Januar wieder zurück." Gespannt warten die
Eltern auf die Reaktion der sieben- und zehnjährigen Töchter.
Erstaunte Gesichter und Schweigen sind die Antwort. Zurück,
was bedeutet das für Kinder, die eine bedeutende Phase ihrer
Entwicklung in einem anderen Land verbracht haben? Eine
sehr vertraute Nachbarschaft, das gewohnte Straßenbild, die
Geräusche am Straßenrand, Gerüche nach frischem Regen,
das Rascheln der Blätter hinter dem Haus – all das gehört für
Kinder, die im Ausland aufwachsen zum „normalen" Leben
dazu. Die andere Sprache und Kultur im Land, das Klima und
die Gewohnheiten, ein ganz spezielles Lebensgefühl.

Als Erwachsene nehmen wir all das auch wahr, nur sortieren
wir diese Eindrücke anders ein. Unsere „innere Festplatte"
wurde zunächst von unseren eigenen Erinnerungen in der
Kindheit geprägt: Die Kleinkindphase im Elternhaus, der
erste Kontakt mit den Nachbarskindern, die Kindergartenzeit
und die Grundschule. Wir erinnern uns an Straßenecken, in
denen wir Streiche gespielt haben, an einen Schulweg, den
wir verträumt nach Hause gelaufen sind, an die aufregen-
den Spiele im Sportverein, den Sommer im Schwimmbad und
das Gedränge am Pommesstand. Wir erinnern uns an Winter
mit Schnee und an unsere erste Fahrstunde im strömenden
Regen. Viele Erfahrungen sind emotional mit unseren Erinnerungen verknüpft. Die Erfahrungen, die wir als Erwachsene im Ausland machen, kommen dazu und ergänzen so das
Fundament unserer Kindheitserfahrungen.

Für Kinder, die sich in einer wichtigen Entwicklungsphase befinden und vieles intensiver erleben als ein Erwachsener, der hier und da neues aufnimmt, ist das anders. Die Erfahrungen, die wir bis zu unserem zehnten Lebensjahr machen, legen den Grundstein für unser Wertesystem. Es entsteht so etwas wie eine innere Festplatte auf der diese grundlegenden Lernerfahrungen geschrieben sind.[1]

Kinder haben im Land Freundschaften geschlossen und vertraute Menschen in ihrer Umgebung kennengelernt. Das kann der Verkäufer im Supermarkt um die Ecke sein oder die nette Dame am Eisstand, der Lehrer im Kindergarten oder in der Schule. Als Familie haben Sie in den Jahren im Ausland Freunde gewonnen, neue Lebensgewohnheiten angenommen. All das ist für Ihr Kind eine Selbstverständlichkeit geworden. Dies alles nun einfach zu verlassen und auf unabsehbare Zeit nicht mehr dort zu leben, scheint unbegreiflich für Kinder zu sein.

Die meisten Kinder waren während ihres Auslandsaufenthalts immer mal wieder zu Besuch bei den Großeltern oder sogar in einem eigenen Haus. Nun werden sie dortbleiben. Dass dieser Schritt zunächst endgültig ist, ist für sie schwer vorstellbar.

Kinder und Teenager, die einige Jahre im Ausland verbracht haben und nun zurückkehren, verlieren nicht nur ihre Freunde, sie verlieren meistens ihre gesamte gewohnte Umgebung.

....

1 Vgl. Hofstede, 1993, S. 23.

Die Rückkehr selbst ist oft erst einmal ein frohes Wiederse-
hen mit den Großeltern und anderen Verwandten. Vielleicht
schwingt ein wenig Urlaubsstimmung mit und Erinnerungen
an eine gute Begegnung in der Nachbarschaft während des
letzten Besuchs im Sommer. Für Kinder ist die Entscheidung,
in ihr Geburtsland oder das ihrer Eltern zurückzukehren, oft
sehr abstrakt. Sie leben meistens mehr in der Gegenwart als
Erwachsene. Die Kontakte zu Gleichaltrigen sind wichtig, zur
Gruppe gehören ist entscheidend im Alltag.

Sandra kommt aus Deutschland. Mit ihren Eltern ist sie im
Alter von sieben Jahren nach Peru gezogen. Nachdem der Vater
sein Projekt dort beendet hatte, kehrte die Familie zurück in
die Heimat. Sandra ist inzwischen elf Jahre alt und sollte die
fünfte Klasse der lokalen Gesamtschule besuchen. In Peru hat
sie eine deutsch-/spanischsprachige Schule besucht. In den
Ferien war sie immer wieder zu Besuch im kleinen Dorf bei
den Großeltern in Deutschland gewesen. Manche der Kinder
kannte sie noch vom Kindergarten und aus der Grundschule.
Sie freute sich, die Kinder wiederzusehen. Doch nach ein paar
Wochen wurde sie immer stiller und zurückgezogener. Sie
wollte oft nicht mehr nach draußen gehen und klagte immer
häufiger über Bauchschmerzen. In der Schule war sie weiter
sehr bemüht, gute Leistungen zu erbringen, doch zu Hause
wurde sie immer ruhiger. Nach mehrmaligem Fragen äußert
Sandra, dass sie das Gefühl habe, einfach nicht dazuzugehören. Die Anderen sprächen oft über Dinge, die sie nicht kenne
oder Zusammenhänge, die ihr nicht klar seien. Manchmal
verstehe sie auch einzelne Worte nicht. Die Anderen beschäftigen sich dann schon lange wieder mit etwas anderem und
Sandra stehe daneben.

Es kann einen Unterschied in der Vorbereitung auf die Rückkehr machen, wie intensiv sich die Familie mit wichtigen Abläufen in der Heimat auseinandersetzt. Natürlich braucht man immer eine Ein- bzw. Umgewöhnungszeit. Aber Kinder, denen die alltäglichen Gewohnheiten und Abläufe in Deutschland schon ein wenig bekannt sind, finden es leichter, hier den Anschluss an die eigene Peergroup zu finden.

Für manche steht die Entscheidung bereits zu Beginn des Auslandseinsatzes fest. Der Vertrag wurde für drei Jahre festgelegt und nun geht diese Phase zu Ende. Andere halten sich den genauen Zeitpunkt der Rückkehr offen und entscheiden dann schließlich nach ein paar Jahren im Ausland zurückzukehren. Manchmal kommt es auch zu einer ungewollten Rückkehr durch ein plötzliches Ereignis im persönlichen Umfeld oder eine Veränderung in der Firma oder Organisation. Auch eine unvorhergesehene Krise im Land kann zu einer vorzeitigen Rückkehr führen. Auf diese besonderen Situationen werde ich ab Seite 83 noch genauer eingehen.

Kinder erleben das zu Ende gehen einer besonderen Lebensphase anders als Erwachsene und sie brauchen besondere Begleitung und Ermutigung. Die Tatsache, dass Kinder sich meist schnell und flexibel einer neuen Umgebung anpassen, darf nicht darüber hinwegtäuschen, dass Kinder bei einem Rückzug in das „Heimatland" oft ihre gesamte vertraute Umgebung verlieren. Eine gut durchdachte Vorbereitung ist darum umso wichtiger.

Schon sehr früh beginnt eine Phase des Umbruchs. Ihr Kind war involviert und integriert in die Schule oder in den Kindergarten. Eine tägliche Routine hat stattgefunden. Der

Schulbus kam immer um die gleiche Zeit am Morgen. Ihr Kind wusste genau, wo jedes ihm bekannte Kind seinen Sitzplatz hatte und zu wem man lieber etwas Abstand hält. Die Lehrer und die morgendliche Routine waren ihm bekannt. Es kannte sich in der Nachbarschaft und der Wohngegend aus, kannte die besten Verstecke im Garten und die steilsten Hügel zum Skateboard fahren. Das Quietschen des Fahrrads vom Postboten am Nachmittag war ihm genauso bekannt wie das ständige Rauschen der vorbeifahrenden Autos vor dem Haus. Ihr Kind oder Ihre Kinder waren involviert und auch integriert in ihre Umgebung. Nun beginnt sich der gesamte Lebensmittelpunkt zu verschieben.

Mit der Bekanntgabe des Umzugs zieht Umbruchstimmung auf. Die Umstände beginnen sich zu verändern. Die Schulklasse plant eine Klassenfahrt im nächsten Jahr und es wird klar, dass Ihr Kind nicht daran teilnehmen wird.

Immer öfter findet etwas ein „letztes Mal" statt. Ein letztes Mal Ferien am Meer, ein letztes Mal Geburtstag feiern mit Freunden aus der Nachbarschaft. Es beginnt unbequem und manchmal auch unangenehm zu werden. Manches fühlt sich sogar ein bisschen unsicher und chaotisch an. Plötzlich ist die Welt nicht mehr klar geordnet. Dinge, die in der Welt ihres Kindes immer so waren, beginnen sich zu verändern. Das kann manchmal ganz schön merkwürdig sein. Manchmal kann es auch dazu führen, dass Ihr Kind sich als Außenseiter fühlt. Die Anderen bleiben vielleicht alle und damit bleibt erst einmal auch die Welt der Anderen scheinbar unverändert. Die Welt Ihres Kindes verändert sich plötzlich schnell.

DIESES ODER NÄCHSTES JAHR

Wann ist das passende Alter für einen Umzug?

Bevor der genaue Zeitpunkt nicht feststeht, sollten Vorschul- und Grundschulkinder noch nicht in den Entscheidungsprozess miteinbezogen werden. Generell ist es leichter für Kinder bis zum sechsten Lebensjahr, wenn sie erst vom Umzug erfahren, wenn die Rahmenbedingungen geklärt sind. Sie würden sonst unnötig verunsichert und beunruhigt werden. Ältere Kinder und Teenager können auch schon etwas früher in den Prozess miteinbezogen werden, um ihre Meinung äußern zu können. Gelingt es Ihnen, den Kindern und Teenagern zu vermitteln, dass ihre Situation gesehen und ernst genommen wird und dass hier alle an einem Strang ziehen wollen, so wird es die Kinder auch später, in der endgültigen Entscheidung das Land zu verlassen, stärken.

Wann der genaue Zeitpunkt ist, eine Rückkehr anzukündigen, hängt von vielen Faktoren ab. Das Alter des Kindes spielt eine grundlegende Rolle. Ein dreijähriges Kind kann sich nicht vorstellen wie lange der Zeitraum eines halben Jahres ist. Grundschüler können diesen Zeitraum eher erfassen. Teenager verstehen die äußeren Gegebenheiten sehr gut, können jedoch den Umfang dieser Entscheidung noch nicht vollständig erfassen.

Eine wichtige Grundregel ist Ehrlichkeit. Kinder dürfen auf keinen Fall mit falschen Aussagen vertröstet werden. Sie haben ein sehr feines Gespür und merken meist sehr schnell, dass ihre Eltern sich in einem Veränderungsprozess befinden. Es ist für Kinder existentiell wichtig, sich auf ihre Eltern verlassen zu können. Als Eltern sollten Sie Ihren Kindern Sicherheit geben. Dieses Gefühl der Sicherheit ist gefährdet, wenn einmal gemachte Aussagen später zurückgenommen werden.

Familie S. hat acht Jahre in Bolivien verbracht. Alexa (9 Jahre) und Joas (12 Jahre) berichten, wie sie bemerkt haben, dass etwas nicht stimmt. Die Eltern verhielten sich plötzlich anders. Ab und zu hörten sie Teile eines Gesprächs mit. Das hat sie unruhig und fragend gemacht. Sie haben eine Anspannung wahrgenommen, konnten aber nicht in Worte fassen, was sie spürten. Also begannen sie, sich eine Erklärung zurechtzulegen. Alexa weinte jetzt öfter abends beim Zubettgehen und wollte nicht mehr alleine einschlafen. Joas war ungewöhnlich laut und immer wieder auch schlecht gelaunt. Die Eltern wunderten sich über die Veränderung ihrer Kinder, bis es einmal aus Alexa herausbrach. Sie sagte, sie habe Angst, dass sich ihre Eltern trennen wollen. Die erstaunten Eltern entdeckten nun, wie viel ihre Kinder aus den Gesprächen sowie ihrem eigenen Ringen um die richtige Entscheidung wahrgenommen hatten. Bei einem gemeinsamen Gespräch konnten sie nun alles erklären und die Kinder in die gemeinsame Planung miteinbeziehen.

KINDER INFORMIEREN

Eine pauschale Richtlinie zu geben, wann der richtige Zeitpunkt ist, den Kindern von der Rückkehr zu erzählen, ist hier nur sehr schwer möglich. Die individuelle Situation muss betrachtet werden. Wichtig ist, dass Eltern sich Zeit nehmen und ihren Kindern zuhören. Zeit, um ehrliche Bedenken zu äußern. Zeit, um miteinander zu reden und verschiedene Aspekte abzuwägen. Entsprechend dem Entwicklungsstand des Kindes können die Kinder in die Entscheidung miteinbezogen werden.

Rückkehr beginnt bereits mit dem ersten Gedanken daran. Für Eltern beginnt mit diesem ersten Gedanken ein innerer Film abzulaufen. Die Alltagsentscheidungen werden dadurch permanent beeinflusst. Termine werden anders gelegt und Beziehungen anders wahrgenommen. Werden Kinder sehr früh mit in diesen Prozess einbezogen, kann es verwirrend für sie sein. Da Kinder sehr stark in der Gegenwart leben, fällt es ihnen sehr schwer, sich gleichzeitig emotional auf den bevorstehenden Umzug einzustellen.

Viele Eltern finden es hilfreich, Kinder bis zum dritten Lebensjahr zwei bis drei Monate vor dem Umzug mit einzubeziehen, Kinder im Vorschulalter vier bis fünf Monate im Voraus mit einzubeziehen und mit Kindern ab dem Schulalter sechs bis neun Monate vorher die Rückkehr zu thematisieren.

Der Prozess der Rückkehr beginnt auch bei Kindern mit dem ersten Gedanken daran. Auch bei ihnen läuft ein innerer Film ab. Doch anders als bei den Eltern, die von ihrer „alten" Heimat ein klares Bild haben, kann der kindliche Film Lücken aufweisen. Über viele Situationen, über die Menschen und das Alltagsleben haben die Kinder keine Vorstellung, keine Bilder. Diese Lücken im Drehbuch können Unsicherheiten und Ängste auslösen. Das gilt es unbedingt ernst zu nehmen und sensibel zu reagieren.

Generell ist es günstig, einen Umzug zum Ende des Schuljahres oder zum Halbjahreswechsel zu planen. Erkundigen

Sie sich, wann die Schule im neuen Ort beginnt. Auch die Kindergärten und Kinderkrippen orientieren sich meist am Schulferienkalender. Leben Sie zurzeit in einem eher heißen Land, dann ist es günstiger, im Sommer zurückzukehren, damit die Temperaturunterschiede nicht so stark sind. Ein praktischer Nebeneffekt davon ist, dass die Kinder ihre vertrauten Kleidungsstücke tragen können und Neuanschaffungen nach und nach erledigt werden können.

KINDER BETEILIGEN

Kinder im Alter von drei bis vier Jahren helfen gerne beim Einpacken ihrer Spielsachen mit. Vermeiden Sie jedoch, dies als Gelegenheit zum Aussortieren der Spielsachen zu nutzen. Kinder im Vorschulalter verbinden viel mit ihren Spielsachen, da sich ihre Erlebenswelt auch stark auf ihre Besitztümer bezieht. In der bevorstehenden Trennung von so vielem Vertrauten, kann es dem Kind möglicherweise sehr wichtig sein, so viel wie möglich davon zu behalten. Sortieren Sie wirklich nur dann aus, wenn Ihr Kind das ausdrücklich möchte. Vielleicht möchte es auch ein Spielzeug an einen Freund oder eine Freundin verschenken. Achten Sie aber auch hier darauf, dass es ganz die Entscheidung Ihres Kindes ist. In diesem ganzen Prozess, in dem ein Kind ohnehin wenig Einfluss auf das Geschehen hat, wird es ihm helfen, Entscheidungen selbst zu treffen. Ihr Kind wird sich mehr als selbstwirksames Wesen erleben und gewinnt dadurch an Sicherheit und Souveränität.

Beziehen Sie die Kinder ab dem Vorschulalter auch in Aufräum- und Reinigungsarbeiten sowie in das Verpacken von Haushaltsgegenständen mit ein. Erklären Sie dem Kind, dass alle Sachen nur für eine kurze Zeit in die Kisten verschwinden und dann wieder da sind.

Es gibt vielleicht einzelne Gegenstände, die auf keinen Fall eingepackt werden können, entweder weil sie viel zu groß sind oder weil das Gepäck limitiert ist. Bieten Sie Ihrem Kind an, diese Dinge gemeinsam zu fotografieren und damit ein Stück weit in Erinnerung zu behalten.

KINDER BEGLEITEN

Ein Babysitter, zu dem Ihr Kind während des Umzugs gehen kann, ist sicher eine praktische Idee, aber achten Sie darauf, dass es trotzdem aktiv in den Prozess mit einbezogen wird. Es braucht jetzt ganz besonders die Nähe der Eltern. Gerade jüngere Kinder können die kurze zeitliche Trennung von den Eltern nicht abschätzen und bekommen schnell Angst. Je jünger das Kind ist, desto mehr wird Ihr Kind eine emotionale Reaktion zeigen und auch durch gute Argumente nicht von der kurzzeitigen Trennung zu überzeugen sein.

PHASEN IN DER ENTWICKLUNG

Unterschiedliche Entwicklungsphasen finden in der Kindheit und Jugend jedes Menschen statt. In jeder dieser Entwicklungsphasen verhält sich ein Kind oder ein Jugendlicher in Transition anders und hat verschiedene Bedürfnisse. Dementsprechend gibt es unterschiedliche Möglichkeiten, wie Sie diese unterstützen können. Die folgende Auflistung des australischen Psychologen und Familientherapeuten Biddulph wurde für dieses Buch für Kinder und Jugendliche in Transitions-Phasen angepasst.

0 BIS 6 MONATE

Für einen Säugling ist es wichtig, sicher und in direkter Nähe zur Bezugsperson zu sein. Das sind in der Regel die Eltern, die für die Nahrung und Sicherheit sorgen. Solange das sichergestellt ist, ist ein Baby in diesem Alter meist sehr „reisetauglich". Spürt ein Säugling die Geborgenheit, ist es ihm egal auf welchem Kontinent es sich befindet. Für das Baby ist es in dieser Phase wichtig, Liebe und Annahme zu spüren und die Erfüllung seiner Bedürfnisse zu bekommen. Viele Babys nehmen jedoch den Stress der Eltern wahr. Massagen, Streicheln und sich mit dem Kind in eine ruhige Ecke zurückziehen kann beruhigen. Mit dem Baby beruhigend sprechen und für viel körperliche Nähe zu sorgen hilft, den Stress in der Transitions-Phase zu mindern.

6 BIS 18 MONATE

Kleinkinder in diesem Alter wollen entdecken, ihre Welt erobern, greifen, ziehen, schmecken, mit allen Sinnen erforschen. Ein Umzug in diesem Alter kann für das Kind zu einem kleinen Abenteuer werden. Wichtig dabei ist, die Sicherheit des Kindes immer im Auge zu behalten. Kinder in diesem Alter sind zu sehr überraschenden Unternehmungen fähig. Sie gehen gerne auf Entdeckungsreise oder probieren das, was sie bei älteren Kindern oder Erwachsenen sehen, gerne selbst aus. Das kann eine sehr intensive und anstrengende Lebensphase darstellen. Gönnen Sie sich immer wieder Pausen. Diese Phase erfordert viel Konzentration und Kraft von den Eltern. Einige wenige, bekannte Spielsachen, Kinderlieder zum Anhören und ein paar einfache alltägliche Dinge, wie Pappkartons zum Entdecken und Spielen, geben Kindern in diesem Alter für längere Phasen ein Gefühl der Geborgenheit. Sie wollen außerdem gerne in der Nähe der Eltern sein. Ermöglichen Sie eine fröhliche und sichere Umgebung, in der die Transition mit Ihrem Kind besser gelingen kann.

18 MONATE BIS 3 JAHRE

In diesem Alter beginnt das Kind, Zusammenhänge zu erfassen und vieles zu verstehen. Es braucht nun ein paar einfach formulierte Erklärungen zu den Vorgängen, die in der Transitions-Phase stattfinden. Dabei ist es wichtig, mit den Formulierungen möglichst im Präsens zu bleiben. „Heute packen wir die Stofftiere in einen Karton und du darfst mir helfen." Kinder in diesem Alter möchten auf der einen Seite gerne unabhängig sein und Dinge selbstständig machen und sind auf der anderen Seite oft sehr anhänglich. Gerade in Zeiten der Veränderung kann es sein, dass Ihr Kind nun besonders anhänglich wird und Hilfe für Dinge möchte, die es vorher schon selbstständig erledigen konnte. Das Wiederholen von gleichen Spielen und Gewohnheiten kann sich stabilisierend auf das Kind auswirken.

3 BIS 6 JAHRE

Wahrscheinlich besucht Ihr Kind in diesem Alter einen Kindergarten oder eine Spielgruppe. Andere Menschen im Umfeld sind somit wichtig geworden. Das Kind stellt nun viele Fragen. Drei- bis Sechsjährige sind sehr wache, intelligente kleine Persönlichkeiten. Nehmen Sie sich Zeit, um auf die Fragen und Einwände Ihres Kindes in Bezug auf den Umzug einzugehen. Erklären Sie Ihrem Kind die nächsten geplanten Schritte. Es versteht nun auch schon Zeitspannen wie „morgen" oder „am Sonntag". Kinder in diesem Alter wollen mit ihren Bedenken und Überlegungen ernst genommen werden. Planen Sie spezielle Zeiten für Ihr Kindergartenkind während dem Umzug ein: Zeiten, in denen Sie gemeinsam spielen oder basteln, sich mitten im Umzug entspannen. Geben Sie Ihrem Kind ganz konkrete Gelegenheiten, seine Gefühle auszudrücken und sich zu verabschieden.

6 BIS 12 JAHRE

Kinder in diesem Alter finden sich gut zurecht in ihrer Umgebung. Sie kennen die Regeln und die Konsequenzen. Diskutieren Sie mit Ihrem Kind über mögliche Bereiche, in denen Ihr Kind selbst entscheiden kann. Für Kinder in diesem Alter ist es ganz wichtig, in diesen Prozess der Transition miteinbezogen zu werden und selbst mitbestimmen zu dürfen. Die Freunde sind nun auch sehr wichtig und ein Abschied von ihnen sollte sorgfältig mit dem Kind zusammen geplant werden.

12 BIS 18 JAHRE

In diesen Jahren beginnt der Sprung ins Erwachsensein. Häufig fällt in diese Zeit ein erstes Verliebtsein und die Zeit mit Freunden ist wichtiger als die Zeit mit der Familie. Ein eigener Lebensstil entwickelt sich. Findet in dieser Phase ein

Umzug zurück ins Heimatland stand, kann das sehr erschütternd für einen Teenager sein. Der wichtige Prozess des sich Loslösens von den Eltern und der Familie wird nun abrupt unterbrochen. Der Teenager, der sich auskannte in seiner Welt, ist nun in vielem auf die Hilfe der Eltern angewiesen. Die Freunde, die ihm so viel bedeuten, sind alle nicht mehr da und die Umgebung ist eine andere. Für einen Umzug in dieser Phase ist es wichtig, Ihrem Teenager gut zuzuhören und ihm so viele wichtige Entscheidungen wie möglich zu überlassen. Es kann zu ernsten Erkrankungen wie Depressionen oder körperlichen Symptomen kommen, wenn Kinder in diesem Alter ihr bekanntes Umfeld verlieren (mehr dazu ab Seite 64 in den Abschnitten über Stressfaktoren und Resilienz).[2]

ABSCHIED GESTALTEN

Wenn Sie den Zeitpunkt Ihrer Abreise einige Wochen oder Monate vorher wissen, können Sie mit Ihren Kindern gemeinsam planen, wie Sie diese Zeit gestalten möchten.

Für Kinder im Kindergartenalter können Sie zwei bis drei Wochen vorher eine Feier mit ihren Freunden organisieren. Das kann im Kindergarten sein oder bei Ihnen zu Hause. Vielleicht auch an einem Ort, der für das Kind besonders bedeutungsvoll ist. In der Woche vorher können Sie gemeinsam mit Ihrem Kind kleine Geschenke besorgen oder basteln. Kinder können nicht selbst entscheiden, dass sie zurück ins Heimatland gehen oder im Gastland bleiben. Die Eltern treffen die

....

2 Vgl. Biddulph, 2001, S. 153 ff.

Entscheidung für sie. Wie und von wem sie sich verabschieden möchten, das können Kinder jedoch selbst entscheiden. Darum ist es sehr wichtig, in diesem Prozess persönlichen Entscheidungsfreiraum zu lassen.

Eine ganz besondere Art sich zu verabschieden, ist das Feiern. Es hilft dabei, abzuschließen und mitten im Trubel der Dinge, die zu erledigen sind, zur Ruhe zu kommen. Gleichzeitig bewirkt es auch ein inneres Ordnen der Gefühle, die an manchen Tagen Achterbahn zu fahren scheinen. Schulkinder können eine Abschiedsparty feiern, die für sie ein ganz besonderer Höhepunkt ihrer Zeit im Land sein kann. Das kann an einem geliebten Ort sein oder mit einer Übernachtung im eigenen Haus. Vielleicht ist es möglich, im Rahmen des Unterrichts zu berichten, wo Sie als nächstes hinziehen werden. Ebenfalls besonders wichtig sind Erinnerungsstücke. Das kann ein Freunde-Album sein oder ein T-Shirt mit den Namen aller Freunde (oder den Handabdrücken für jüngere Kinder). Ein kleines Video mit besonderen Botschaften der Mitschüler oder ein selbstgeschriebenes Abschiedslied ist ebenfalls eine wertvolle Erinnerung. Vielleicht möchte Ihr Kind noch ein paar Freunde in der Umgebung besuchen und ein Abschiedsfoto mit ihnen gemeinsam machen.

Es gibt viele kreative Wege, Abschied zu feiern. So traurig und schwierig wie es zu manchen Zeiten sein wird, so ist es auch ein Grund zum Feiern: Feiern, dass es so viele schöne Momente gibt, auf die man zurückblicken kann. Feiern, dass Ihr Kind neue Freunde in diesen Jahren gewinnen konnte. Feiern, dass sie eine wichtige Zeit miteinander verbracht haben. Durch das bewusste Feiern des Abschieds wird ganz

viel Wertschätzung ausgedrückt für das Erlebte und die Menschen, die uns in dieser Lebensphase wichtig geworden sind. Abschied darf daher auch fröhlich sein. Es gibt sicher sehr vieles, wofür Sie und Ihre Kinder dankbar sind. Machen Sie eine lange Liste mit all den Dingen, wofür Sie dankbar sind und feiern ein „Danke-Fest". Das muss nicht aufwendig sein. Sie können z.B. mit einer Tüte Popcorn auf dem Sofa oder mit einem Burger im Park feiern.

Kinder im Vorschulalter lieben Rollenspiele. Nehmen Sie sich Zeit und spielen die Reise mit Ihrem Kind durch. Dabei kommt es nicht darauf an, welche Utensilien Sie wählen. Sie können Playmobilfiguren, Duplofiguren oder Stofftiere zu Hilfe nehmen, das liegt ganz an den Präferenzen Ihres Kindes. Wichtig ist, dass es der Welt Ihres Kindes entspricht. Da kann spielerisch der Koffer gepackt werden oder Legomännchen können in ein selbstgebautes Flugzeug steigen. Rollenspiele aller Art sind im Vorschulalter wichtig, um Erlebnisse zu verarbeiten.

Zur Vorbereitung auf die kommende Phase ist es schön, gemeinsam ein Buch zu lesen. Um ein Gespräch anzuregen, sind beispielsweise die Bücher vom Hasen Felix auf Reisen vom Coppenrath-Verlag geeignet.

TIPPS:

- Spielen Sie gemeinsam Rollenspiele.

- Lesen Sie gemeinsam Bücher zum Thema Reisen, Abschied und Veränderung.

- Gehen Sie auf Fotoshooting Tour und stellen Sie für Ihr Vorschulkind ein kleines Erinnerungsalbum von seiner momentanen Lebensumgebung zusammen.

- Lassen Sie zum Abschied im Kindergarten alle Kinder einen Handabdruck auf einem T-Shirt aufdrucken.

- Filmen Sie ihr Kind in verschiedenen Situationen an einem Tag. Das kann später eine wertvolle Erinnerung an eine besondere Lebensphase sein.

- Basteln Sie zusammen mit Ihrem Kind kleine Abschiedsgeschenke für Freunde.

- Machen Sie eine Art „Abreise-Kalender" für die letzten Tage vor der Abreise. Der Kalender kann beispielsweise kleine Geschichten enthalten oder Dinge die nützlich für die Reise sind.

- Auch für die Tiere, die zurückgelassen werden, können kleine Abschiedsgeschenke gebastelt werden.

- Bitten Sie Ihr Kind, zu überlegen, ob es etwas von den eigenen Spielsachen an andere Kinder verschenken möchte.

- Vielleicht kann ein Kuscheltier (nicht gerade das allerliebste) einige Wochen vorher als „Kundschafter" in die neue Heimat geschickt werden. Von dort kann es dem Kind regelmäßig Postkarten (oder Whatsapp-Nachrichten vom Telefon der Oma) schicken und etwas über die neue Heimat berichten (z.b.: Hier gibt es ein tolles Schwimmbad; das Wetter/der Schnee sind prima; ich habe mir deinen neuen Kindergarten angeschaut; die Oma hat im Garten eine Schaukel für dich aufgestellt usw.)

Schulkinder mögen Freundschaftsbücher. Hier können alle Klassenkameraden und Lehrer etwas Besonderes schreiben und vielleicht auch ein Foto einkleben.

Etwas Besonderes kann ein einfaches weißes Schreibheft sein, worin verschiedene Einträge gesammelt werden. In diesem sogenannten Scrapbook können Erlebnisse, besondere Worte oder Sprüche sowie andere schöne Erinnerungen zum Abschied festgehalten werden. Fotos, Sticker und flache Gegenstände können hier ebenfalls einen Platz finden.

Denken Sie auch daran, genügend Zeit für diese Aktionen einzuplanen. Am Ende kommen oft unvorhergesehene Todos dazu. Stellen Sie sicher, dass Ihre Kinder genügend Zeit für die verschiedenen Abschiede bekommen. Sich zu verabschieden, ist ein ganz wichtiger Teil davon, auch anschließend in Deutschland wieder anzukommen. Schließen Sie mit Ihren Kindern gemeinsam, buchstäblich und im übertragenen Sinne, eine Tür. Anselm Grün spricht davon, dass nur wer die eine Tür schließt, die andere auch öffnen kann ohne im Durchzug zu stehen.[3] Dieses Prinzip gilt auch für die Transitionsphase und erklärt, warum Spannungen entstehen, wenn kein angemessener Abschied stattfindet.

Für Teenager sind oft ganz andere Dinge wichtig beim Verabschieden als für jüngere Kinder oder auch Erwachsene. Der Freundeskreis hat eine sehr große Bedeutung. Die Gemeinsamkeiten in der Gruppe, die ähnlichen Interessen, das was sie miteinander verbindet, ist wichtig. Das kann ein bestimmter Kleidungsstil sein oder eine gemeinsam ausgeübte Sportart. Es können auch nach außen unscheinbar aussehende Dinge sein, wie am Pausenhof in einer bestimmten Ecke zu stehen und zu reden oder das gleiche Interesse an Musikgruppen und Filmen oder Serien. Dabei kann für den jungen Erwachsenen eine größere Gruppe von Freunden wichtig sein oder einige wenige innige Freundschaften. Oft kommt auch ein erstes verliebt sein dazu. Das macht den Abschied dann um einiges schwerer.

Für viele Jugendliche ist es wichtig, von den Eltern die Bestätigung zu bekommen, dass diese Kontakte nach Möglichkeit weiter gepflegt werden können. Das kann über moderne Medien sein oder mit einem bereits geplanten Besuch. Vielleicht ist es sogar möglich, Besuche im kommenden Jahr einzuplanen. Das Versprechen muss natürlich einen realistischen Rahmen haben. Oft liegt der Einsatzort weit weg vom Heimatort oder es ist aus finanziellen bzw. Sicherheitsgründen nicht möglich, zurückzukommen. Für Jugendliche ist es

.

....

3   Vgl. Grün, 2008, S. 38.

ganz besonders wichtig, dass sie wissen, sie dürfen die Phase der Rückkehr mitgestalten. Ein Jugendlicher orientiert sich nicht mehr so stark am Leben der Eltern, sondern hat sich seine eigene Peergroup gesucht. Das nun hinter sich zu lassen, führt häufig in eine Identitätskrise. Die langsam selbsterworbene eigene Unabhängigkeit und gewonnene Identität, die in diesem Alter stark durch Freundschaften gestützt ist, kommt nun ins Wanken.

Ab dem elften oder zwölften Lebensjahr gewinnen Freundschaften außerhalb der Familie mehr und mehr an Wichtigkeit. Hat der Jugendliche viele Jahre seiner Kindheit im Ausland verbracht, verstärkt das noch den Umfang der Erschütterung, die er oder sie bei einer Rückkehr in die Heimat der Eltern erlebt. Wenn es möglich ist, sollten größere Umzüge in diesem Alter vermieden werden. Für Teenager ist der Reentry meist unverhältnismäßig schwerer als für jüngere Kinder. Die Folge des Infragestellens der eigenen Identität kann zu Depressionen, Essstörungen, psychosomatischen Störungen oder anderen psychischen Erkrankungen führen. Eine gute Gesprächsbasis und der Raum, eigene Entscheidungen zu treffen, sind für Teenager elementar.

KLETTERBAUM UND MEERSCHWEINCHEN

Auch die Umgebung spielt beim Abschied eine wichtige Rolle. Schon das Klima kann ganz anders als im Entsendungsland sein. Die äußere Erlebenswelt ist meist geprägt von komplett anderen Geräuschen, Gerüchen, Lebensweisen und Angeboten. Kinder, die eine bedeutende Phase ihrer Entwicklung in einem Land außerhalb der Heimatkultur der Eltern verbringen, empfinden all das als normal.

Für die vierjährige Anna, die in Indonesien aufgewachsen ist, war es normal, jeden Morgen in T-Shirt und Shorts oder einem Kleid nur schnell in die Flipflops zu schlüpfen und dann nach draußen zu rennen. Nachdem die Familie ein paar Wochen zurück in Deutschland war, begann das sommerliche Wetter in kühleres Herbstwetter umzuschlagen. Von nun an weinte Anna jeden Morgen. Sie wollte das Haus nicht mehr verlassen und weigerte sich, in den Kindergarten zu gehen. Sie zog ihre Sommerkleider an und stellte sich stur, wenn die Eltern sie dazu bewegen wollten, lange Hosen und einen Pulli zu tragen. Zunächst waren die Eltern sehr erstaunt über die plötzliche Gemütsveränderung. Sie versuchten, ihr gut zuzureden und zu erklären, warum es gut ist, warme Kleidung zu tragen, wenn es draußen kalt ist. Anna weinte und wurde wütend. Nach ein paar Tagen wurde den Eltern klar, dass Anna es so ihr ganzes junges Leben lang gewohnt war. Das von ihr geforderte Verhalten fühlte sich für sie einfach falsch an. Die Eltern einigten sich dann mit Anna darauf, dass sie weiterhin ihre Sommerkleidung über die warme Kleidung tragen durfte. Das sah etwas unüblich aus, aber Anna schien nun zufrieden zu sein.

LIEBLINGSORTE

Zu Beginn des Buches habe ich darüber geschrieben, wie die innere Festplatte eines Menschen in den ersten Lebensjahren geformt wird. Dies bedeutet, dass ein Kind die Fähigkeit hat, seine Umwelt ganz genau zu beobachten und das Beobachtete zu integrieren. Alle Informationen werden dort aufgenommen und gespeichert. Die Festplatte wird also geprägt von dem, was Kinder täglich wahrnehmen und erleben. Dieser Prozess geschieht bei Kindern zum großen Teil unbewusst.

Daher ist es wichtig, bewusst auf die Lebenswelt der Kinder einzugehen. Vielleicht hat ihr Kind einen Lieblingsplatz im Garten, auf einem speziellen Baum oder einer gemütlichen Ecke neben dem Blumenbeet. Hat es das Baden im Fluss besonders geliebt oder das Rennen am Strand?

Überlegen Sie mit Ihrem Kind gemeinsam, was ihm besonders wichtig ist. Beziehen sie beispielsweise diesen Platz in der Natur dann in das Abschiednehmen mit ein. Vielleicht möchte Ihr Kind auch einen Stein, etwas Sand oder eine gepresste Blume als Erinnerung mitnehmen. Denken Sie gemeinsam noch einmal an die besonderen Zeiten an diesem Platz.

Orte, an denen besondere Ereignisse stattgefunden haben, können ebenfalls sehr wichtig für ein Schulkind oder einen Teenager sein. Vielleicht war Ihr Kind sportlich besonders aktiv und hat an mehreren Wettkämpfen teilgenommen. Für manche Kinder waren es Theateraufführungen oder Konzerte, an denen sie teilgenommen haben. Vielleicht waren Sie Teil einer lokalen Kirchengemeinde oder Glaubensgemeinschaft und Ihre Kinder haben viele fröhliche Erinnerungen an gemeinsam verbrachte Zeiten dort. Es kann auch ein Treffpunkt sein, den Sie als Familie öfter besucht haben, vielleicht sogar mit Freunden zusammen.

Abschied ist etwas ganz Persönliches und Individuelles. Für manche Kinder ist es wichtig, sich vom Familienauto, mit dem sie viele Jahre vertraut waren, zu verabschieden.

DAS ZUHAUSE

Selbstverständlich gehört auch das Haus oder die Wohnung, in der Sie wohnen, zum Verabschieden dazu. Die meisten Familienmitglieder werden einen Großteil ihrer Zeit darin verbracht haben und nicht mehr wieder dorthin zurückkehren können. Oft ziehen neue Mieter ein oder das Haus wird verkauft. Am besten eignet sich der leere Wohnraum für den Abschied. Wenn alles gepackt, verschifft oder verstaut ist, können Sie mit Ihren Kindern gemeinsam durch die Wohnung gehen. Nehmen Sie sich bewusst etwas Zeit, um durch jeden Raum zu gehen, vielleicht fällt Ihnen dabei die eine oder andere Geschichte ein, die Sie hier miteinander erlebt haben. Beim Abschied darf ruhig ausgesprochen werden, was für Erwachsene merkwürdig klingen mag. Worte wie: „Tschüss altes Auto, ich war immer gerne mit dir unterwegs", oder: „Adé Küche, es war oft lustig hier mit den Gästen zu sitzen", können helfen sich tatsächlich zu verabschieden.

DAS HAUSTIER

Ganz wichtig beim Verabschieden sind die Haustiere. Ob Vogel, Maus, Pferd oder Hund, für Kinder ist es meist sehr schmerzlich, das Haustier zurückzulassen. Wenn Sie die Möglichkeit haben, das Tier oder die Tiere an gute Freunde weiterzugeben, ist das sicher ein kleiner Trost. Schön wäre es, wenn diese Freunde oder Bekannten auch ab und zu später berichten, wie es dem Tier geht. Dabei ist es wieder wichtig, das Kind mitentscheiden zu lassen, wer das Tier bekommen soll.

Ein Tag kurz vor der Abreise kann vereinbart werden, an dem das Tier dann feierlich übergeben wird. Vielleicht möchte Ihr Kind noch eine Schleife für das Tier basteln, ein gemeinsames Foto machen oder einen Abschiedsbrief schreiben.

Wichtig ist, dass das Tier nicht in Hektik noch schnell bei Bekannten abgeben wird, sondern dass das Kind die Möglichkeit bekommt, sich so von dem Tier zu verabschieden, wie es das möchte. Planen Sie also ein bisschen extra Zeit ein.

Wenn Sie die Möglichkeit haben, ein Haustier mitzunehmen, ist das etwas ganz besonders für Ihr Kind und sicher auch für die ganze Familie. Der Prozess ist jedoch meist kompliziert und auch für das Tier sehr anstrengend.

Es ist für Eltern nicht einfach, Traurigkeit bei Ihrem Kind auszuhalten. Widerstehen Sie in jedem Fall der Versuchung, Worte zu gebrauchen wie „das wird schon wieder" oder „wir kaufen dir doch einen neuen Hund". Halten Sie die Traurigkeit aus und korrigieren Sie sie nicht. Auch Eltern dürfen sagen, dass sie traurig sind und nicht alles leicht finden bei der Rückkehr.

MEINE BESONDEREN ERINNERUNGEN

AB 6 JAHREN:

Bestimmt hast du Plätze oder Orte, die besonders wichtig für dich sind. Vielleicht hast du besondere Erinnerungen an Zeiten mit Freunden oder der Familie an diesem Ort oder er bedeutet dir aus einem anderen Grund besonders viel.

Um dich von diesem Ort zu verabschieden, kannst du ein ganz besonderes Erinnerungsfoto machen oder sogar einen kleinen Film dort drehen. Du könntest auch etwas mitnehmen, wie ein getrocknetes Blatt, ein bisschen Sand oder einen Stein. Besprich das aber unbedingt mit deinen Eltern, denn manche Dinge aus der

Natur sind nicht erlaubt mitzunehmen. Vielleicht möchtest du auch etwas Besonderes an diesem Ort zurücklassen. Manche Leute pflanzen einen Baum oder lassen eine geheime Botschaft zurück.

• Welcher Ort ist für dich besonders wichtig?

• Was möchtest du tun, um dich zu verabschieden?

....

Mitten im Packen geht es auch ums Abschied nehmen. Abschied nehmen von Freunden, Klassenkameraden, Lehrern, Nachbarn, vielleicht dem Fußballtrainer.

• Von wem möchtest du Abschied nehmen?

NOCH EIN WORT ZU HAUSTIEREN

Wer seinen Hund, seine Katze oder sonstiges Haustier gerne mitnehmen möchte, sollte beachten, dass das Tier mindestens 30 Tage vor der Abreise gegen Tollwut geimpft sein muss. Die Impfung darf nicht älter als zwölf Monate sein und sie muss bei einem offiziell anerkannten Tierarzt bestätigt werden. Achtung bei Ländern, die nicht zur EU gehören! Hier unterscheidet der Gesetzgeber zwischen gelisteten und nicht gelisteten Ländern. Gelistete Länder gelten als tollwutfrei, für die Einreise aus einem Drittland gilt:

• Tollwutantikörpertest, 30 Tage nach der Impfung
• Kennzeichnungsnummer, die mit einem Mikrochip am Tier eingesetzt wird; dient der Identifikation
• Papiere durch einen Amtsarzt
• Internationaler Impfpass
• Insgesamt sollten Sie drei bis vier Monate für den gesamten Prozess einplanen.

Bitte informieren Sie sich rechtzeitig bei den zuständigen Veterinärbehörden über die zu beachtenden tiergesundheitsrechtlichen Vorschriften. Weiterführende wichtige Informationen, u.a. auch zu den für die Einreise mit Hunden, Katzen und Frettchen zugelassenen Einreiseorten, erhalten Sie beim Bundesministerium für Ernährung und Landwirtschaft, bei den zuständigen veterinärrechtlichen Grenzkontrollstellen in Deutschland oder bei den für den Wohnsitz zuständigen Veterinärbehörden. Weitere wichtige Informationen zur Einreise mit Tieren nach Deutschland, finden Sie unter „www.zoll.de" oder unter der Zollbestimmung Ihres Einreiselandes.

GOOGLE UND CO

Wie können sich Kinder und Jugendliche auf den Alltag in Deutschland vorbereiten?

Wo liegt eigentlich Obertulba? Und wie sieht es dort aus? Kann man da auch immer in Flip-Flops und Shorts rumlaufen? Was für Eltern ganz selbstverständlich ist, mag für die Kinder und Jugendlichen komplett neu und spannend sein. Nehmen Sie sich in den Wochen und Monaten vor der Rückkehr bewusst Zeit um über den Ort, an den Sie ziehen werden, zu sprechen. Finden Sie gemeinsam im Internet heraus, was dort ganz anders ist als im Gastland. Entdecken Sie die Freizeitmöglichkeiten im Umkreis und gehen sie auf eine virtuelle Reise durch die Umgebung. Wie verändern die Jahreszeiten die Landschaft? Ist es dort häufig kalt? Welche Aktivitäten unternehmen Familien dort?

Vielleicht möchten Sie ein kleines Wissensspiel mit Ihrer Familie entwickeln, das nicht nur aus Fakten besteht. Sie können z.b. gemeinsam entdecken, welche Musik im Heimatland zurzeit gehört wird oder welche Gerichte typisch für die Gegend sind. Auch der Kleidungsstil und die Freizeitkultur sind ganz wichtige Entdeckungen, die Ihrem Kind helfen, dort anzukommen. Stöbern Sie nach Vereinen und Sportmöglichkeiten, nach Schwimmbädern, Kinos und Eissporthallen. Erkunden Sie Möglichkeiten, mit öffentlichen Verkehrsmitteln zu fahren. Mit jüngeren Kindern können Sie mit Lego oder Playmobil Landschaften und Städte nachbauen. Schulkinder zeichnen vielleicht gerne ihre neue Umgebung auf. Denken Sie dabei auch an Ihren neuen oder alten Wohnort. Bekommen die Kinder vielleicht ein eigenes Zimmer oder wird dann am Haus ein kleiner Garten dabei sein? Nehmen Sie sich Zeit zum Träumen, Planen und Entdecken.

Für Teenager kann es beängstigend sein, die „andere Welt" zu erkunden. Es macht ihnen nur noch deutlicher, wie groß der Verlust der gewohnten Umgebung ist. Für Jugendliche ist es besonders interessant, wenn sie ihre Hobbys weiter ausüben können. Gerade, wenn alles neu und ungewohnt ist, stärkt ein Hobby das Selbstbewusstsein. Lassen Sie Ihre Teenager im Internet herausfinden, wo sie ihr Hobby weiter ausüben können oder vielleicht endlich ein Hobby beginnen können, das im Gastland nicht möglich war. Besprechen Sie miteinander, wie diese Wünsche in Ihren neuen Familienalltag integriert werden können.

Begeisterung und Neugierde helfen, den Abschied zu bewältigen. Versuchen Sie als Eltern, eine Ausgewogenheit zwischen den Abschieden und der Vorfreude auf etwas Neues zu schaffen.

FILMCLIP

AB CA. 10 JAHREN:

Hast du vielleicht Lust, einen kleinen Film über das Land oder den Ort, an den du ziehst, zusammenzustellen? Bestimmt findest du spannende Clips oder Fotos über den Ort im Internet. Du könntest die, die dir besonders gut gefallen, sammeln und die spannendsten Inhalte in einer eigenen Reportage für deine Familie oder deine Freunde zusammenstellen. Das könnte ein kleiner Reisebericht für Longboardfahrer oder Inlinefahrer sein oder du berichtest aus der Perspektive eines Hubschrauberpiloten, der den Ort gerade überfliegt. Vielleicht kennst du auch schon Leute dort, dann kannst du mit ihnen sprechen und Interviews zusammenstellen zum Thema: Das finde ich besonders gut hier.

Nun könntest du auch noch die passende Musik für den Hintergrund aussuchen. Bestimmt können dir Verwandte oder Bekannte, die dort leben, ein paar Songs nennen, die gerade ganz aktuell sind.

PARTNERSCHAFT UND KINDER

Die eigene Zeit im Ausland geht zu Ende. Vieles muss bedacht und organisiert werden. Im Gastland sowie im Heimatland stehen Gespräche an, werden Verträge abgeschlossen oder aufgelöst. Der Haushalt wird in Kisten verpackt und Dienstbesprechungen sind lange und finden häufiger statt. Neben all den organisatorischen Anforderungen entsteht emotionaler Stress. Auch Sie als Eltern verlassen eine Ihnen vertraut gewordene Umgebung. Gute Bekannte, Arbeitskollegen und Freunde bleiben zurück. Die tägliche Routine beginnt sich zu verändern, neue Anforderungen kommen hinzu. Schnell kann dabei der persönliche Stresslevel steigen.

Aus dem Status des „Involviert-seins", in dem vieles wie von selbst läuft, beginnt nun eine Phase der Transition. Das gilt für Erwachsene wie für Kinder und Jugendliche gleichermaßen. Kleine Unstimmigkeiten und Reibereien in der Familie und Partnerschaft sind normal in dieser Phase. Das wird auch Ihren Kindern nicht entgehen. Gehen Sie mit dieser Tatsache offen um. Erklären Sie Ihren (älteren) Kindern, dass es nicht beunruhigend ist, wenn auch die Eltern sich gelegentlich übereinander ärgern, sondern völlig normal. Als Mutter und Vater sind Sie für Ihre Kinder ein Hafen der Sicherheit. Sehen diese nun, dass die Eltern selbst an Souveränität verlieren, kann das beängstigend sein. Machen Sie Ihren Kindern hier nichts vor, bleiben Sie so weit wie möglich authentisch.

Aber zeigen Sie Ihren Kindern auch, dass Sie ihnen trotzdem immer noch emotionale Sicherheit bieten können. Wenn Kinder miterleben, dass auch die Eltern ihre Schwierigkeiten haben und sie gemeinsam gut lösen können, wird es das Vertrauen der Kinder in die Eltern, die Familie und auch in sich selbst stärken.

Während Eltern diese Phase durchleben, reagieren ihre Kinder vielleicht in ungewohnter Weise auf die Veränderung. Diese Zeit scheint besonders intensiv zu sein. Alles dreht sich nur noch um den bevorstehenden Umzug.

Oft scheint es, dass je höher der Stresslevel steigt, desto weniger Zeit für persönliche Erholung und Rückzug bleibt. Wer beispielsweise ein regelmäßiges Fitnessprogramm hatte, findet nun oft weniger Zeit dafür. Entspannte Zeiten zu zweit werden aus dem Terminkalender in dieser Phase gestrichen. Persönlicher Rückzug scheint oft weniger möglich zu sein. Familienzeiten finden kaum noch statt. Die Folge davon ist ein weiter ansteigender Stresslevel.

Kinder erleben diese Phase auch als verwirrend und sind verunsichert. Kinder, die gerne und oft kommuniziert haben, werden plötzlich still und zurückgezogen. Andere Kinder reagieren mit heftigen Gefühlsäußerungen. Eltern fühlen sich dann oft überfordert von ihren eigenen Reaktionen sowie den Reaktionen der Kinder.

WOHLFÜHLEN

In dieser Phase brauchen Kinder eine stabile Tagesroutine und Eltern, die mit einer guten Portion Gelassenheit und Humor auf diese Lebensphase zugehen. Deshalb ist es wichtig, Auszeiten und Ruhepunkte für Sie persönlich und für Ihre Partnerschaft einzuplanen. Es mag paradox klingen, aber gerade in dieser Phase ist es sehr wichtig, Aktivitäten einzuplanen, die einen Erholungswert haben. Wer ausgeruht ist und sich körperlich fit fühlt, hat viel mehr Kraftreserven für die vor ihm liegende Strecke. Statt Freizeitaktivitäten zu reduzieren, sollten Sie in dieser Phase extra Zeiten dafür einplanen. Wer mehr Zeit für Kommunikation mit dem Partner einplant, mindert die Häufigkeit von Streitigkeiten.

Nehmen Sie sich Zeit, mit Ihrem Partner die letzten Wochen und Monate im Land zu genießen. Entspannte Eltern haben weit mehr Geduld, ihre Kinder durch diese Phase der Transition zu begleiten. Natürlich hängt es auch vom Alter der Kinder ab, wie viel Zeit Sie sich als Paar in diesem Abschnitt nehmen können. Kleine Kinder brauchen nun besonders die Nähe der Eltern.

Inseln zu schaffen, ist immer möglich. Das muss nicht aufwendig geplant oder teuer sein. Eine extra Zeit morgens im Bett der Eltern mit einer Tasse Kakao oder ein paar Minuten am Abend vor dem Zubettgehen, um die Erlebnisse vom Tag zu besprechen, all das können kleine Wohlfühl-Inseln sein.

TIPP: ....

Wie wäre es zum Beispiel mit einer Familien-„Gedanken-Google-Zeit": Überlegen Sie gemeinsam, wem etwas zum Thema „gemeinsame Zeit" einfällt? Das können einfache Wortsammlungen sein, wie: gemütlich, auf dem Sofa, lange aufbleiben, Chips und Cola, draußen mit den Hunden spielen oder was immer Ihnen einfällt. Bestimmt haben Sie innerhalb von wenigen Minuten ganz viele Ergebnisse gesammelt. Schreiben Sie die Worte in bunten Farben auf ein Blatt oder finden Sie Symbole für die genannten Attribute. Mit kleinen Klebepunkten können die einzelnen Familienmitglieder dann Favoriten bewerten.

Kleine Kinder brauchen körperliche Nähe, um neue Energie zu tanken. Das können spezielle Kuschelzeiten mit einem schönen Buch oder einem Film sein. Es kann auch einfach eine Picknickdecke im Garten sein oder ein Besuch im Schwimmbad. Schulkinder freuen sich über gemeinsame Aktivitäten oder Spiele. Ein gemeinsames Ballspiel schafft Nähe und Spaß miteinander. Vielleicht spielen Sie Instrumente in Ihrer Familie, dann ist es eine wunderschöne Gelegenheit, gemeinsam zu musizieren und diese kleinen gewohnten Traditionen zu pflegen.

GESUNDE GRENZEN

Besonders wichtig in dieser Zeit des Umbruchs ist auch die Absprache zwischen den Elternteilen in Bezug auf die Erziehung der Kinder. Verunsicherte Kinder brauchen Geborgenheit und Grenzen. Klare Absprachen können einen sicheren Rahmen für Kinder und Jugendliche bieten: Absprachen in Bezug auf den Umgang miteinander, die Mithilfe bzw. Mitverantwortung im Haushalt, praktische Absprachen wie der Umgang mit der Lautstärke der Musik und nicht zuletzt der Zugang zum Internet. Kinder haben ein sehr gutes Gefühl für Gerechtigkeit und die Einhaltung von Regeln. Besprechen Sie gemeinsam mit Ihrem Kind, welche Regeln hilfreich sind in einer Phase des Umbruchs.

BITTE SETZEN SIE DIE ATEMMASKE ZUERST SELBST AUF, BEVOR SIE ANDEREN ASSISTIEREN.

Eltern brauchen auch Pausen und Erholungszeiten, in denen sie einfach sie selbst sein können. Für Eltern ist es ganz wichtig, den eigenen Energietank zuerst aufzufüllen. Ist der Energietank der Eltern erst einmal leergelaufen, wird es erheblich schwerer für die ganze Familie beim Neustart in der Heimat. Was füllt Ihren Energietank wieder auf?

WAS ENTSPANNT SIE BESONDERS?

ZUM NACHDENKEN:

- Ist es Bewegung, Musik, Zeit alleine oder sind es gute Gespräche?
- Wie ist das mit dem Energietank Ihrer Beziehung? Was macht Ihnen beiden Freude? Was bringt Sie gemeinsam zum Lachen? Wie entspannen Sie?
- Wie können Sie das in Ihren Alltag mitten in der Transition einbauen?
- Ist es vielleicht noch einmal möglich, etwas ganz besonderes für Sie als Paar zu unternehmen?

DANKE

Wer Pausen und Qualitätszeiten in der Partnerschaft einplant, sorgt dafür, dass die ganze Familie gestärkt durch die Umzugsphase geht. Kleine „Danke-Momente" kann man auch abends vor dem Einschlafen feiern. Meist sind die Tage des Abschieds emotional recht anstrengend. Da tut es gut, miteinander zu überlegen, wofür Sie dankbar an diesem Tag sind.

Gerade wenn alles Kopf zu stehen scheint, fällt es manchmal schwer, die richtige Perspektive zu behalten. Dinge, die wir sonst eher gelassen hinnehmen, entwickeln sich zu größeren Ärgernissen. Eine Familie, die einige Jahre in England verbracht hat, hat mir bei ihrer Rückkehr von einer ganz genialen Idee erzählt: Während der Zeit in England haben sie eine Glücksmomente Box erfunden. Alle Familienmitglieder waren eingeladen mitzumachen und besondere Glücksmo-

mente auf einen Zettel zu schreiben und in die Box zu stecken. Nach einer dem Alter der Kinder entsprechenden Zeit-
spanne, wurde die Box geleert und die besonderen Momente
gemeinsam betrachtet. Das kann bei jüngeren Kindern jeden
Abend sein, bei älteren vielleicht einmal in der Woche. Gerade
in der Transitions-Phase kann so eine Box sehr schön sein.
In diese Box kann man kleine Zettel mit ganz persönlichen
Glücksmomenten einwerfen. Das kann ein besonders schöner
Sonnenuntergang sein, ein nettes Wort, das jemand heute
zu mir gesagt hat. Es kann ein besonders leckerer Eisbecher
sein, den ich mir heute gegönnt habe oder ein Lied, das mich
fröhlich gemacht hat, ein Foto, eine Eintrittskarte oder ein
Kieselstein vom Lieblingsstrand. Die Box kann dann gemeinsam an einem bestimmten Tag geöffnet und all die schönen
Momente miteinander betrachtet werden. So eine Box kann
natürlich auch jeder für sich persönlich machen. Zettel können beschrieben oder bemalt werden. Jüngere Kinder können
auch kleine farbige Papierschnipsel auswählen.

GLÜCKSMOMENTE-BOX

FÜR SCHULKINDER:

Suche dir eine Pappschachtel und beklebe sie schön.
Dann stelle sie an einen Ort, wo du sie jeden Tag siehst.
Direkt daneben legst du Stifte und kleine Zettel und jedes Mal, wenn du einen besonders schönen Moment er-
lebst, malst oder schreibst du ihn auf und wirfst den Zettel in die Box. Du kannst diese „Glücksmomente" auch

mit Fotos auf deinem Handy sammeln. Jedes Mal, wenn du ein Glücksmomente-Foto machst, schreibst du dir kurz etwas dazu und sammelst die Bilder in einer eigenen Galerie. Einmal in der Woche tauscht ihr diese Fotos dann miteinander aus.

Wenn dann alle Freunde verabschiedet sind, alle Plätze besucht und die Tiere ein neues Zuhause gefunden haben, überlegen Sie, wie Sie die letzten Tage gestalten wollen. Manche Familien wohnen, wenn die eigene Wohnung leer ist, noch bei Freunden, um die gemeinsamen Augenblicke noch einmal intensiv zu genießen. Andere brauchen eher etwas Raum für sich selbst, um zur Ruhe zu kommen und gehen noch ein paar Tage vor dem Abflug in ein Hotel oder an einen besonders schönen Ort.

ZWISCHENSTOPP

Wichtig für diese letzten Tage ist, dass sie nicht voller hektischer letzter Erledigungen sind, sondern dass Kinder wie Erwachsene die Gelegenheit haben, noch einmal durchzuatmen. Dabei ist es kulturell sehr unterschiedlich, was in Ihrer Gastkultur beim Abschied üblich ist. In manchen südamerikanischen Kulturen werden sehr starke Emotionen gezeigt und der Abschied spielt hier eine große Rolle. In anderen Kulturen geht man bereits zur Tagesordnung über und beachtet die Abreisenden kaum noch. Überlegen Sie sich im Vorfeld, was Ihrer Gastkultur entspricht und mit welchen Reaktionen Sie rechnen können. Das kann auch vor Enttäuschung schützen.

Planen Sie eine kleine Zwischenstation zwischen Abschied und Ankunft ein. Vielleicht können Sie Ihren Rückflug über ein interessantes Drittland buchen und nehmen sich noch ein paar Tage Zeit nur für die Familie. Die Phase des Abschieds ist anstrengend und Sie benötigen auch Energie fürs Ankommen. Im „Heimatland" angekommen, geht es oft sehr schnell weiter.

Packen Sie für den Tag des Umzuges mit Ihren Kindern eine kleine Tasche mit Spielsachen, die ihnen besonders wichtig sind. Ein kleines Buch und ein Spiel, vielleicht Malsachen oder ein Erinnerungsbüchlein. Längere Wartezeiten auf dem Flughafen oder Bahnhof können gut mit Lieblingsbüchern überbrückt werden. Wichtig sind zudem Wechselkleidung für jüngere Kinder und vielleicht ein kleines Kissen, um sich zwischendurch in einen Sitz zu kuscheln.

GESUNDHEIT

Achten Sie darauf, dass Ihr Kind zum Zeitpunkt des Abflugs möglichst gesund ist.

Wer sein Kind aufmerksam beobachtet und es mit allen Fragen und Sorgen ernst nimmt, wird schnell erkennen, was das Kind braucht. Am allermeisten brauchen Kinder Nähe und Geborgenheit sowie eine gute Portion Humor und Gelassenheit.

GANZ SCHÖN ODER GANZ SCHÖN DOOF

AB 10 JAHREN:

Hier sind vier spezielle Fragen für dich: Überleg einmal, worauf du dich freust. Ist es vielleicht, dass du deine Großeltern wiedersiehst oder dass du in Deutschland (Schweiz oder Österreich) nun ein eigenes Zimmer bekommst? Vielleicht siehst du auch Freunde wieder oder du kannst etwas unternehmen, das in dem Land, in dem du zurzeit lebst, nicht möglich ist.

Darauf freue ich mich:

....

....

....

....

Sicher wirst du auch einiges vermissen. Das können Freunde oder Tiere sein. Es können aber auch Gewohnheiten sein oder die Umgebung, in der du gerade lebst. Wie ist das bei dir?

Das werde ich vermissen:

....

....

....

Dann gibt es bestimmt etwas, dass dir beim Umzug in das Land, aus dem deine Eltern kommen, gar nicht gefällt. Hier ist Platz, um aufzuschreiben was du nicht magst.

Das gefällt mir nicht:

....

....

....

....

Es gibt bestimmt auch etwas, was du nicht vermissen wirst. Ist das vielleicht der Straßenlärm oder etwas, das du ganz eklig findest? In manchen Ländern sind es die stinkenden Müllreste auf der Straße oder die eiskalten Klimaanlagen in den Räumen. Denk doch noch einmal darüber nach, was du nicht vermissen wirst.

Das werde ich nicht vermissen:

....

....

....

....

**GEFÜHLE
SORTIEREN**

3 BIS 6 JAHRE:

Suchen Sie gemeinsam mit Ihren Kindern aus alten Zeitschriften Gesichter aus. Fröhliche, traurige, erstaunte, lachende, ernste oder ängstliche Gesichter und versuchen Sie, diese zu sortieren und zu benennen.

Die Kinder werden immer mehr Nuancen erkennen und damit auch mehr in der Lage sein, ihre eigenen Gefühle in der Transitionphase zu erkennen und zu beschreiben.

DAS GANZ NORMALE CHAOS

Schon mit dem ersten Gedanken an den Umzug hat eine Transition oder ein Übergang begonnen. Es ist ähnlich, wie wenn wir ein gewohntes Zimmer verlassen, in das es kein Zurück mehr gibt. In diesem Moment gibt es nur ein Weitergehen in ein neues Zimmer, in eine neue Lebensphase hinein. Das fühlt sich unsicher und komisch, aber auch spannend an. Kinder werden diese Phase sehr unterschiedlich erleben. Kinder, für die Routine und Wiederholung wichtig sind, werden in dieser Phase vermutlich weitaus mehr gestresst sein als Kinder, die von ihrer Persönlichkeitsstruktur her immer an neuen Erlebnissen interessiert sind. Hier ist es ganz wichtig, dass Eltern mit mehreren Kindern diese Unterschiedlichkeit wahrnehmen. Kinder, die eher klare Strukturen und Abläufe brauchen, werden gestärkt, indem sie möglichst viele tägliche Routinen beibehalten können. Diese Kinder möchten den Prozess sicher auch in einem langsameren Tempo angehen.

Kindern, die sehr abenteuerlustig und an neuen Erlebnissen interessiert sind, macht es Freude, sich in dieser Phase mit den neuen Möglichkeiten zu beschäftigen. Die Aussicht im Schnee zu spielen oder wieder mit den Cousins zum Hockey zu gehen, wird diese Kinder motivieren und stärken.

Trotz aller individueller Unterschiede ist es für alle Kinder wichtig, eine gewisse Struktur und Ordnung zu haben. Auch die Kinder, die aufgrund ihrer Persönlichkeitsstruktur eher flexibel und abenteuerlustig sind, brauchen Sicherheit und Struktur, weil sich alles um sie herum verändert.

Im Heimatland der Eltern oder in der neuen Heimat angekommen, wird es eine Weile dauern, bis Ihr Kind einen Wiedereinstieg findet. Der erste Schritt ist die Entscheidung, nun wieder dazuzugehören zu wollen. Diese Entscheidung wird meist nicht sofort getroffen. Von Erwachsenen hört man manchmal Bemerkungen wie „Kinder leben sich doch schnell wieder ein." oder „Kinder vergessen schnell." Da Kinder mehr im Hier und Jetzt leben, kann der Eindruck entstehen, dass sie schnell vergessen. Im Folgenden sind die Phasen dargestellt, durch die ein Kind nach Pollock und van Reken geht. Diese Phasen wiederholen sich jedes Mal bei einem Umzug.

1. EINGEBUNDEN SEIN

Ihr Kind hat sich eingelebt und fühlt sich wohl. Es kennt sich aus und bewegt sich sicher in seinem ihm bekannten Umfeld. Meist ist es Teil einer Gruppe und hat dort eine feste Position. Es findet eine bestimmte Tages- und Wochenroutine statt. Der Alltag ist in vielen Bereichen vorgegeben und geregelt. Schulzeiten und Ferien bestimmen den Jahresrhythmus genauso wie lokale Festlichkeiten und Feiertage. In der Nachbarschaft kennt Ihr Kind andere Kinder und die besten Plätze zum Fußball spielen sind ihm vertraut. Zudem kennt es die geschriebenen und ungeschriebenen Regeln in der Wohngegend, wie zum Beispiel wo das Fahrrad abgestellt werden darf und wo nicht. Ihr Kind weiß, welche Sticker man am besten mit wem tauscht und kennt die aktuellen Witze. Ein angenehmes Stadium, das viel Sicherheit bietet.

2. AUFBRUCH

Vieles verändert sich. Eine Aufbruchsstimmung macht sich langsam aber stetig im Alltag bemerkbar. Vieles ist nun nicht mehr so wie vorher. Seit Ihr Kind weiß, dass es eine Veränderung der Lebensumstände geben wird, bewegt sich auch etwas in seinem Alltag. Emotionale Verbindungen beginnen sich zu lockern, Beziehungen verändern sich. In der Schule wird die nächste Klassenfahrt geplant und bei der Zimmereinteilung ist Ihr Kind nicht mehr auf der Liste. Die Freunde sprechen über geplante Aktivitäten, an denen Ihr Kind nicht mehr teilnehmen wird. Alltägliche Abläufe werden nun zu besonderen Handlungen, wenn sie zum letzten Mal stattfinden. Das letzte Mal Feriencamp, die letzte Theateraufführung zu Weihnachten, die letzte Schwimmmeisterschaft. Eine endlose Liste dieser „letzten Happenings". In diesem Stadium kann es durchaus passieren, dass Ihr Kind sich ausgeschlossen fühlt. Von Zeit zu Zeit kann es sich wie eine emotionale Achterbahnfahrt anfühlen, denn der Alltag geht ja weiter und doch hat die Veränderung bereits begonnen.

3. TRANSITION / ÜBERGANG

Die eigentliche „Transition", der Übergang, beginnt mit dem Moment, an dem wir einen Ort permanent verlassen, also mit dem Tag der Abreise. Dieses Stadium endet erst wieder, wenn das Kind in eine neue Umgebung eingebunden ist. Dazwischen befindet sich eine Phase, die geprägt ist von einem inneren und äußeren Durcheinander. Chaos gehört in dieser Phase dazu. Genauso wie viele Dinge äußerlich nun nicht mehr am gleichen Platz zu finden sind, fühlt sich die Welt auch von innen so an. Neue Regeln gelten nun im Alltag, ihr Kind trifft täglich auf viele neue Menschen, die ihm unbekannt sind. Der Tagesrhythmus hat sich vielleicht verändert und die Umgebung wirkt sehr fremd. Die speziellen im Ausland gewonnenen Kenntnisse und das Wissen, das Ihr Kind im Ausland erworben hat, sind nun auf einmal nicht mehr gefragt. Das kann dazu führen, dass Ihr Kind sich einsam fühlt und sich zurückziehen möchte oder hin und wieder unangemessen zu reagieren scheint. Es ist eine Phase der Trauer, die sich auch immer wieder in Wut oder einem ungewohnten Verhalten ausdrücken kann. Es ist ein Gefühl von „zwischen den Stühlen sitzen".

4. WIEDEREINSTIEG

Die eigene Entscheidung, nun Teil des neuen Lebensumfelds zu werden, ist wichtig für den Wiedereinstieg. Nur wenn das Kind selbst entscheidet, dazugehören zu wollen, beginnt der Prozess der Wiedereingliederung. Das braucht Zeit und geschieht nicht sofort. Ein Gefühl der Unsicherheit, eine Verletzlichkeit und innere Anspannung werden noch eine ganze Weile bleiben. Vertrauen in die neue Umgebung und die Menschen muss langsam wiederaufgebaut werden. Ängstlichkeit, Vorsicht oder Zurückhaltung sind normale Reaktionen in dieser Phase.

5. INVOLVIERT / INTEGRIERT

Im letzten Stadium der Integration beginnt Ihr Kind, neue Freundschaften zu schließen. Die Abläufe im Alltag werden nun zu einer neuen Routine. Ihr Kind beginnt sich wohlzufühlen, gewinnt neue Freunde und kommt so langsam in der neuen Umgebung an. Es beginnt sich wieder auszukennen, findet die eigene Position und fühlt sich nach und nach sicher und bestätigt.[4]

Immer häufiger kehren Eltern nach einem Auslandseinsatz nicht sofort dauerhaft in das Heimatland zurück. Ist in einem Land der Einsatz beendet, folgt der nächste Auftrag oft sehr zeitnah. So beginnt für Kinder der Kreislauf von vorne.

Dieser Prozess findet in gewissem Maß bei jedem Umzug statt. Auch bei einem Umzug von einer Stadt in die nächste beginnt ein Prozess des Loslösens und der Wiedereingliederung. Je unterschiedlicher die neue Umgebung ist, desto intensiver wird der gesamte Prozess erlebt. Zieht ein Kind innerhalb eines Landes um, sind die Veränderungen nicht so groß, wie wenn es vielleicht sogar den Kontinent wechselt. Je mehr Transitions-Prozesse ein Kind mitmacht, desto schwieriger wird es für das Kind, sich immer wieder neu zu integrieren. Darum ist es wichtig für Eltern, diese Prozesse genau zu bedenken. Faktoren wie das Alter der Kinder, sprachliche und schulische Veränderungen, spezielle Bedürfnisse einzelner Kinder oder ein besonderer Förderbedarf sowie die Anzahl der Geschwister können dabei auch wichtige Entscheidungshilfen sein.

....

4 Vgl.Pollock, Reken, Pflüger, 2003, S. 75.

● ● ● ●

Alles steht Kopf

EMOTIONEN IN DER TRANSITION

ALLES STEHT KOPF

„Alles steht Kopf" – im gleichnamigen Film von Pixar wird eine Umzugssituation mit den dazugehörenden Emotionen sehr humorvoll und lebensnah dargestellt.

Vieles was Ihnen und Ihrem Kind wichtig war, scheint nun verloren zu gehen im Gemenge der Transition. Im Film erlebt die kleine Riley Anderson, wie Erinnerungsinseln nacheinander wegzubrechen scheinen. Sie versucht, diese zu halten und muss doch zusehen, wie sie nacheinander abstürzen. Ein innerer Prozess, der im Film auf eine humorvoll und anschauliche Weise sichtbar macht, was mit den Erinnerungen und Gefühlen in unserem Inneren geschehen kann. Die fünf Basisemotionen Freude, Kummer, Wut, Angst und Ekel begleiten sie in einer Art inneren Schaltzentrale. Das Mädchen Riley durchlebt eine intensive Reise durch die eigene emotionale Welt und überwindet die Krise am Ende mit der ganz besonderen Unterstützung von Freude und Kummer.

Es ist wichtig, einen Rahmen zu schaffen, in dem über diese Emotionen gesprochen werden kann. Eine Möglichkeit ist, das Aufzeigen oder Benennen von Emotionen in den normalen Tagesablauf zu integrieren.

GEFÜHLSUHR

6 BIS 10 JAHRE:

Mach dir deine eigene Gefühlsuhr. Wie ist deine Stimmung heute? Das kann man prima mit Wettersymbolen ausdrücken. Nimm einen Pappteller und zeichne verschiedene Symbole für Stimmungen, die du haben könntest, auf. Du kannst mehrere kleine Symbole benutzen oder ein paar größere. Vielleicht möchtest du eine Sonne malen, gruseliges Gewitter, Regen, rosarote Einhorn-Wolken oder einen Regenbogen.

Nun brauchst du zwei kleine Magnete. Du legst die Magnete jeweils auf eine Seite des Tellers, sodass sich beide gegenseitig anziehen und der Teller dazwischen ist. Der vordere Magnet kann nun wie ein Zeiger über die Uhr bewegt werden, indem du den hinteren im Uhrzeigersinn auf das entsprechende Symbol ziehst. Du kannst die Uhr jetzt zu einer bestimmten Tageszeit immer zur Wetter Ansage benutzen. Das kannst du für dich alleine machen oder ihr könnt als Familie einmal am Tag alle die Gefühlswetteruhr nacheinander einstellen und euch austauschen.

Das geht natürlich auch über Whatsapp. Gründet eine Familiengruppe und vereinbart eine Zeit, an der jeder von euch das für ihn passende Wettersymbol sendet. Ihr könnt euch natürlich auch dazu entscheiden, Emojis zu verwenden.[5]

5 Vgl. Kunze, Salamander, 2008, S. 24.

FAMILIENRITUALE

Wenn sich alles um uns herum zu verändern scheint, ist es wichtig, ein paar „gute alte Traditionen" zu pflegen. Oft sind uns diese Traditionen gar nicht als Traditionen bewusst. „Das macht man in unserer Familie eben so" oder „das haben wir schon immer so gemacht", sagt vielleicht jemand. Oft steckt hinter diesen so unscheinbaren Alltagsabläufen etwas ganz Besonderes. Eine Kerze auf dem Mittagstisch, eine gemütliche Runde am Abend mit kurzem Austausch über den Tag oder ein Picknick im Garten am Samstag. Jede Familie hat kleine, ganz spezielle Rituale. Für den einen sind es Pfannkuchen oder ein Frühstücksei am Sonntag, für den Anderen ein Tischgebet oder eine Gute Nacht Geschichte am Abend.

Eine Familie mit zwei Kindern im Vorschulalter, die ein paar Jahre in einem afrikanischen Land verbracht hatte, erzählte mir über die Herausforderung, bedingt durch die äußeren Umstände, gemeinsame Ausflüge zu machen. So hatten sie eine ganz spezielle Familientradition begonnen. Jeden

Samstagnachmittag wurde eine kleine Decke im Garten an einer schattigen Stelle ausgelegt und die Familie ging zum Picknick. Ein Korb mit leckerem Essen und ein paar Spiele wurden eingepackt. Die Familie hatte viel Spaß an dieser kleinen Tradition. Während der Zeit des Umzugs und beim Ankommen in Deutschland schien dieses Wochenendritual ganz vergessen. Eines der Kinder fand die Decke irgendwann beim Auspacken in einer der Kisten und das brachte sie auf die Idee, diese Tradition wieder neu aufleben zu lassen. Da es nun nicht immer Picknick-Wetter in Deutschland gibt, verlegten sie manche dieser Familientreffen auf den Teppichboden im Wohnzimmer.

Welche Traditionen haben Sie in Ihrer Familie? Sind das tägliche, kleine Rituale? Oder sind es eher Gewohnheiten, die Sie einmal in der Woche gemeinsam pflegen?

Besonders schön ist es, wenn sie „portable Traditionen" entdecken. Das sind liebgewordene Gewohnheiten, die man überall weiter pflegen kann. Manches muss vom äußeren Rahmen vielleicht ein bisschen adaptiert werden, macht aber in leicht veränderter Form wieder viel Spaß.

Im Buch *Die schönsten Rituale für Kinder* heben die Autorinnen hervor, was kleine Traditionen bewirken:

> *„Das können Rituale: Ordnung und Kontinuität schaffen, Krisen bewältigen helfen, Sicherheit und Orientierung vermitteln, Geborgenheit schenken, Halt und Vertrauen geben, die Identität des Einzelnen stärken, die Gemeinschaft stärken, Ängste reduzieren, Gefühle ausdrücken helfen."* [6]

....

6 Kunze, Salamander, 2008, S 13.

STRESSFAKTOREN

Stressfaktoren äußern sich bei Kindern und Jugendlichen ähnlich wie bei Erwachsenen. Sie sind nicht nur von einem großen Ereignis abhängig. Meist kommen viele unterschiedliche Ereignisse zusammen und erst die Häufigkeit und die Dauer der Ereignisse verursacht einen hohen Stresspegel. Viele Wechsel und damit auch die Anforderung, immer wieder neue Freunde zu gewinnen, ist für Kinder in Transition sicher ein Hauptstressfaktor. Kommt dann noch eine Krankheit eines Elternteils oder etwas Unvorhergesehenes wie ein Unfall oder eine Krise dazu, erhöht sich der Stressfaktor um einiges.

Vor zwei Monaten war Familie T. aus Ostasien zurück in die Schweiz gezogen. Eine plötzliche Krebserkrankung des Vaters hatte zu einer raschen Rückkehr geführt. Die Tochter des langjährigen Auslandsmitarbeiters wurde in den letzten Wochen immer stiller. Die Eltern wunderten sich zunächst über diese Entwicklung. Schließlich trat bei dem Mädchen eine ausgeprägte allergische Reaktion auf. Die Eltern konnten sich zunächst nicht erkläre,n was passiert war. Nach mehreren Gesprächen wurde deutlich, das Mädchen hatte sich die plötzliche Krebserkrankung mit nachfolgender Operation des Vaters so sehr zu Herzen genommen, dass diese Art von Stress direkte Auswirkungen auf ihr Immunsystem hatte.

So kann sich Stress bei Kindern und Jugendlichen körperlich auswirken. Oft ist die Ursache zunächst nicht so deutlich darauf zurückzuführen, denn äußerlich funktioniert vieles weiter.

Das zweite Beispiel handelt von einer psychischen Erkran-
kung eines Elternteils. Entsteht eine solche Situation, ist es
eine Herausforderung für jedes Familienmitglied. Wenn dies
im Auslandseinsatz passiert, sind häufig wenig andere unter-
stützende Beziehungen vorhanden. Das bedeutet oft noch
mehr Belastungsstress für das Kind.

Ein Teenager erzählt, wie die Depression seiner Mutter während des Auslandseinsatzes in Usbekistan Auswirkungen auf
sein eigenes Wohlbefinden hatte. Die Mutter hatte sich in
den letzten Wochen immer mehr zurückgezogen und nahm
nicht mehr wie gewohnt am gesellschaftlichen Leben Teil.
Nach und nach legte sich eine dunkle Wolke auf die Fami-
lienatmosphäre. Daniel zog sich immer mehr zurück und
klagte häufig über Bauchschmerzen. Er kam immer seltener
am Nachmittag aus seinem Zimmer und verbrachte viel Zeit
alleine. Seine schulischen Leistungen sanken zunehmend.
Infolgedessen aß er nicht mehr regelmäßig und entwickelte
eine Magenschleimhautentzündung.

Der schwedische Autor David Elkind (1981) hat die internati-
onal häufig verwendete Stresstabelle von Dr. Thomas Holmes
und Dr. Richard Rahe für Kinder und Jugendliche adaptiert.
Diese Tabelle listet die verschiedenen Faktoren auf, die durch
Stress in Kindern ausgelöst werden können. Jedem Ereignis
ist ein Wert zugeordnet. Dadurch entsteht ein Überblick über
die Stressfaktoren, denen das Kind ausgesetzt ist.

STRESSTABELLE:[7]

Eine Summe von 150 bis 199 Punkten entspricht mäßigem Stress. Eine Summe von 200 bis 299 Punkten entspricht erhöhtem Stress. Eine Summe von 300 und mehr Punkten entspricht (sehr) hohem Stress, der die Gesundheit und das Verhalten wahrscheinlich beeinträchtigt:

Ereignis	Stresspunkte
• Tod eines Elternteils	100
• Scheidung der Eltern	73
• räumliche Trennung der Eltern	65
• häufige Geschäftsreisen eines Elternteils	63
• Tod eines nahen Angehörigen, z.b. Großeltern	63
• Krankheit oder Unfall des Kindes	53
• Wiederverheiratung eines Elternteils	50
• ein Elternteil verliert den Arbeitsplatz	47
• Versöhnung der Eltern	45
• Mutter beginnt Berufstätigkeit	45
• Krankheit von Eltern oder Geschwistern	40
• Schwangerschaft der Mutter	39
• Schulprobleme	39
• Geburt oder Adoption eines Geschwisterkindes	39

7 Entnommen aus Elkind, *Das gestresste Kind* 1991, S. 271.

Ereignis	Stresspunkte
• Veränderungen in der Schule, z. B. neue Lehrer	39
• Veränderungen der wirtschaftlichen Situation der Familie	38
• Krankheit oder Unfall eines Freundes oder einer Freundin	37
• neue oder veränderte Freizeitaktivitäten	36
• deutlich mehr oder weniger Streit mit Geschwistern	35
• Gewalt in der Schule	31
• bestohlen werden	30
• neue Aufgaben zu Hause übernehmen	29
• ältere Geschwister ziehen aus	29
• Streit mit den Großeltern	29
• Persönliche Leistung, z. B. Sieg bei einem Wettkampf	28
• Umzug an einen anderen Ort	26
• Umzug in einen anderen Stadtteil	26
• das Kind bekommt oder verliert ein Haustier	25
• veränderte persönliche Gewohnheiten	24
• Streit mit einem Lehrer	24
• veränderte Zeiten bei der Tagesmutter oder im Kindergarten	20

Ereignis	Stresspunkte
• Umzug in ein neues Haus oder eine neue Wohnung	20
• Schulwechsel	20
• veränderte Spielgewohnheiten	19
• Ferien mit der Familie	19
• neue Freunde	18
• Ferien in einem Ferienlager	17
• veränderte Schlafgewohnheiten	16
• deutlich mehr oder weniger Treffen mit Familie/ Verwandten	15
• veränderte Essgewohnheiten	15
• veränderte Fernsehgewohnheiten	13
• Geburtstagsfest	12
• Strafe für Fehlverhalten	11

Die Tabelle bezieht sich auf ein Kind, das an einem Ort aufwächst. Dabei ist ein Umzug auf einen anderen Kontinent oder ein anders Land, das Erlernen einer neuen Sprache oder neuer sozialer Regeln nicht berücksichtigt. Diese Faktoren können zusätzliche Stressquellen darstellen.

LÖWENZAHN- UND ORCHIDEENKINDER

Im nachfolgenden Kapitel werde ich besonders auf die Auswirkungen von Stress bei Kindern und Jugendlichen eingehen. Die Resilienz-Forschung hat sich mit dem Thema beschäftigt, wie Kinder trotz herausfordernder Lebensumstände gestärkt werden können. Resilienz ist ein komplexer, vielseitiger Begriff. Er stellt das innere Gleichgewicht und die Widerstandsfähigkeit dar. Der folgende Vergleich von Hans Menning verdeutlicht dies gut:

> *„Resilienz ist wie die Fähigkeit eines Grashalms, sich im Sturm zu beugen, ganz flach und klein zu werden und nach dem Sturm wieder aufzurichten. So richten sich Menschen nach einem „Knick" in ihrem Leben, nach schweren, kritischen Lebensereignissen wieder auf."*[8]

Auf dieses Zitat möchte ich genauer eingehen. Resiliente Kinder erleben das Gleiche wie andere Kinder und leiden genauso unter den Umständen. Der Unterschied ist, dass sie nicht in der Situation „stecken" bleiben, sie werden aktiv. Ihnen ist bewusst, dass die Situation vorübergehend ist und irgendwann ein Ende hat.

RESILIENZ DURCH MITGESTALTEN

Ein entscheidender Schutzfaktor ist die Selbstwirksamkeit. Schon bei Kindergartenkindern hat man festgestellt, dass sie resilienter in Stresssituationen reagieren, wenn sie wissen,

....

8 Menning, 2015, S. 24.

dass sie mit ihren Handlungen etwas bewirken können. Dr. Corina Wustmann konnte dies in ihren Studien über Resilienz im Kindergartenalter bestätigen.

Das besondere an Resilienz ist, dass sie jederzeit im Leben erlernt werden kann und sich weiterentwickeln kann in jedem Lebensstadium. Manche Kinder bringen bestimmte Voraussetzungen mit, um auch unter schwierigen Umständen und unter Stress gesund zu bleiben. Andere wirken oft zart und zerbrechlich.[9]

Christina Berndt spricht in ihrem Buch: *Resilienz: Das Geheimnis der psychischen Widersstandskraft,* von Löwenzahn- und Orchideenkindern. Löwenzahnkinder bringen von Geburt an eine gewisse Robustheit gegenüber widrigen Umständen mit. Sie scheinen eine angeborene Art zu haben, mit den verschiedenen Situationen im Leben umzugehen und die Dinge selbst in die Hand zu nehmen. Orchideenkinder hingegen wirken oft sensibel und schwach. Begegnen ihnen schwierige Herausforderungen und Stress, werden sie leicht krank. Sie reagieren empfindlicher auf äußere Reize. Interessanterweise hat man in Studien festgestellt, dass die sogenannten Orchideenkinder durch ausreichende Förderung, Ermutigung, Eigenverantwortung und Zuwendung zu besonders starken Persönlichkeiten heranwachsen.[10]

Katja Doubeks Definition von Resilienz deutet auf dessen Wert für Personen in Transitions-Phasen hin:

....

9 Vgl. Wustmann, Fthenakis, 2011, S. 102.
10 Vgl. Berndt, 2013.

Resilienz ist die Fähigkeit, Kummer zu kanalisieren, statt zu explodieren. Resilienz ist die Fähigkeit, negative Gefühle in positive Emotionen umzugestalten. Resilienz ist die Fähigkeit, Schwierigkeiten zu meistern. Resilienz ist die Fähigkeit, Rückschläge auszuhalten.[11]

Gerade in Zeiten, in denen Trauer und Gefühlschaos erlebt wird, ist Resilienz eine wichtige Quelle, um Schmerz zu verarbeiten und positiv nach vorne zu schauen.

Die Entwicklungspsychologen Jelena Obradovic und Thomas Boyce führten Forschungen mit fünf- bis sechsjährigen Jungen und Mädchen durch, um ihre Stressreaktionen zu prüfen. Dabei konnten sie beobachten, dass die feinfühligen Kinder ohne Stress in ihrer Umgebung weniger verhaltensauffällig waren, sich deutlich mehr in der Vorschule engagierten und sozial umgänglicher waren. Mehr noch: diese Kinder entwickelten sich sogar besser als ihre weniger stressanfälligen Altersgenossen.

RESILIENZ DURCH ZUWENDUNG

Ähnliches konnten die Kinderpsychologen Jay Belsky und Michael Pluess vom Institute for the Study of Children an der Londoner Birbeck University feststellen. Sie begleiteten Kinder von mehr als 1300 Familien vom sechsten Lebensmonat bis zum zwölften Lebensjahr. Es zeigte sich, dass Kinder mit einem fragileren Wesen am meisten von Zuwendung und der Fürsorge profitierten.[12]

....

11 Vgl. Doubek, 2003, S. 18.
12 Vgl. Breuer, Süddeutsche Zeitung Magazin, 2010, o.A.

RESILIENZ DURCH HOBBYS

Kinder, die lernen, Verantwortung zu übernehmen, die sich sicher in ihrer Familie fühlen und wissen, dass sie geliebt sind, entwickeln eine elementare Resilienz, die ihnen Halt gibt, auch in starken Stresszeiten gesund durchzukommen. Kleine „Kompetenzinseln", Bereiche in denen das Kind sich gut auskennt, stärken das Selbstbewusstsein Ihres Kindes. Es weiß, in diesem Bereich kann es einen Unterschied bewirken. Das beginnt mit der Verantwortung für Erledigungen und Aufgaben im Haushalt oder mit der Förderung musischer, sportlicher oder anderer Begabungen.

Wer auf einem Gebiet richtig gut ist, kann dies als Stärke auch in schwierigen Zeiten nutzen.

Carina und Eric sind nach acht Jahren Auslandsaufenthalt aus dem Norden der USA nach Deutschland zurückgekehrt. In der Schule war es zunächst sehr schwierig für sie, Anschluss zu finden. Die Lehrer, die Mitschüler, das Schulgebäude und die Art des Unterrichts, alles schien komplett anders zu sein. Eric war ein sehr guter Handballspieler, während seiner Zeit in den USA hatte er an einigen Wettkämpfen teilgenommen und war es gewohnt, mehrmals die Woche zu trainieren. Seine Schwester Carina spielte seit ein paar Jahren Cello. Beide hatten es gelernt, ausdauernd ihre Fähigkeiten zu trainieren. Sie waren kompetent auf ihrem Gebiet. Bereits nach ein paar Wochen fand Eric Anschluss im örtlichen Handballverein. Er bekam neue Freunde und der anfängliche Stress, nun überall neu zu sein, verminderte sich deutlich. Carina schloss sich dem Schulorchester an und nahm weiter Unterricht im Cello spielen. Auch ihr halfen die Kompetenzen, die sie unter anderem beim Cello spielen erworben hatte, selbstwirksam zu sein.

Eltern können die Resilienz ihrer Kinder fördern, indem sie es ihnen ermöglichen, besondere Kompetenzen zu entwickeln. Ob Löwenzahn- oder Orchideenkind, stehen Sie ihm ermutigend und unterstützend zur Seite. Eine enge, warmherzige Beziehung ist die beste Möglichkeit, Resilienz zu fördern.

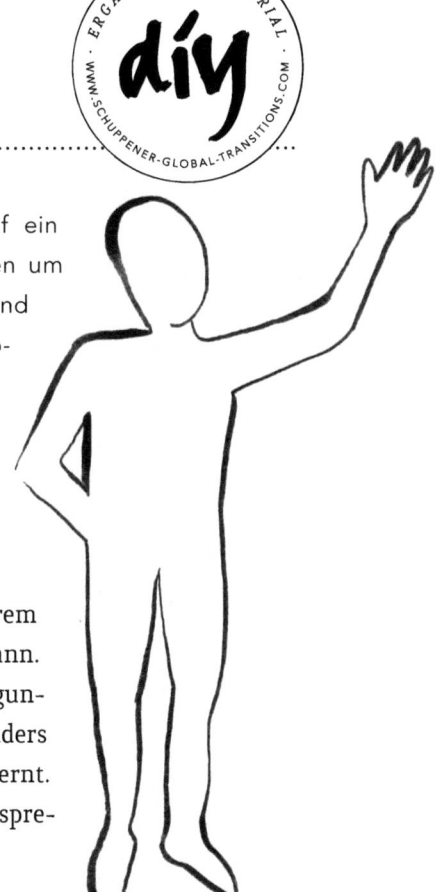

DAS BIN ICH

AB 8 JAHREN:

Zeichnen Sie eine Figur auf ein Blatt Papier, lassen Sie außen um die Figur herum genügend Platz. Die Figur steht symbolisch für das Kind. Sie können ebenso die Malvorlage mit Hilfe ihres Online Codes herunterladen.

Überlegen Sie gemeinsam mit Ihrem Kind, was es besonders gut kann. Vielleicht hat es durch die Bedingungen im Auslandsaufenthalt besonders gut schwimmen oder klettern gelernt. Oder es kann mehrere Sprachen sprechen und kennt sich gut mit technischen Dingen aus. Ganz sicher hat Ihr Kind Fähigkeiten im Ausland erworben, die nun besonders und vielleicht sogar herausragend für seine Altersgruppe sind. Schreiben Sie diese Fähigkeiten an die Außenseite der Figur.

Überlegen Sie dann gemeinsam, welche besonderen Eigenschaften Ihr Kind hat. Einige dieser Eigenschaften hat es bestimmt im Ausland, insbesondere aufgrund des einzigartigen Kontextes, entwickelt. Manche Kinder entwickeln beispielsweise eine hohe Kreativität, wenn sie wenig äußere Angebote haben. Andere Kinder werden gerade im Ausland sehr selbstständig und eigenmotiviert, weil man ihnen in der anderen Umgebung viel zutraut. Sprechen Sie mit Ihrem Kind über stark machende Eigenschaften. Es ist hilfreich, eine kleine Auswahl anzubieten und dann gemeinsam zu überlegen, wie zutreffend diese Eigenschaften sind.

Anschließend kann Ihr Kind Geschwister, Freunde oder andere Erwachsene fragen, welche positiven Eigenschaften sie erkennen. Hier eine kleine Liste mit Vorschlägen an Eigenschaften, die stark machen:
• *Beziehungsfähigkeit* (hat Ihr Kind viele Freunde und geht schnell auf Andere zu oder kann Ihr Kind vielleicht besonders gut vermitteln?)
• *Eigenantrieb* (hat ihr Kind gelernt, selbstständig zu lernen und sich selbstständig Wissen anzueignen?)
• *Glauben* (auch Kinder gewinnen eine innere Stärke aus Glauben)

Weitere Bereiche können sein:
* *Nähe und Distanz* (ein gesundes Nähe- und Distanzverhalten sowie Distanz zu Situationen und Angeboten, die das Kind als nicht passend empfindet.)
* *Reflexion* (Die Fähigkeit, über Erlebtes nachzudenken und zu kommunizieren.)

ALS TRAUER UND WUT ZUM BADEN GINGEN

Abschied von all dem, was für ein paar Jahre oder manchmal ein Leben lang bekannt war, ist nicht einfach. Für viele Kinder und Jugendliche ist es ein Trauerprozess. Es mag seltsam klingen, denn auf den ersten Blick geht es bloß um einen Wegzug aus einem Land, das für ein paar Jahre Zuhause war. Mit diesem Wegzug verlieren gerade Kinder und Jugendliche wesentliche Bereiche ihres bisherigen Lebens.

Die bekannte Umgebung ist nicht mehr da. Hierzu gehören der direkte Wohnbereich, in dem das Kind und vielleicht auch die Geschwister gelebt haben, der Garten, der Kletterbaum, vielleicht die Haustiere und der Hof zum Fußball spielen. Die Freunde und Bekannten sind nicht mehr Teil des Alltags, der Weg zur Schule, die Albernheiten im Schulbus, beliebte Lehrer und auch die, die das Kind nicht so gerne gesehen hat. All das ist mit dem Tag der Abreise nicht mehr vorhanden.

Je nachdem aus welchem Land die Familie zurückreist, verändern sich die Essgewohnheiten, das Klima und die Wetterverhältnisse. Der Straßenverkehr ist anders geregelt, die Geräusche klingen nicht mehr so vertraut und auch die Gerüche sind anders. Ein ganzes Lebenskonzept verändert sich mit dem Tag der Rückkehr.

Von Verwandten wird oft erwartet, dass Kinder sich freuen, nun endlich wieder zurück im „Heimatland" zu sein. Aus der Perspektive der Kinder ist das meist ganz anders. Sie gehen durch einen regelrechten Trauerprozess. Wer so vieles aus seinem direkten Lebensumfeld verliert, erlebt das als großen Schmerz. Gerade bei Kindern drückt sich dies jedoch nicht immer sichtbar als Schmerz aus. In der folgenden Geschichte, frei erzählt nach Jorge Bucay, wird deutlich, wie es hier zu Verwechslungen kommen kann:

An einem sonnigen Nachmittag beschloss Wut zum Baden zu gehen. Sie hatte keine Lust alleine zu gehen, so klopfte sie bei Trauer an die Tür um zu fragen, ob diese auch mitkommen möchte. Wut klopfte laut und kräftig an die Haustür. Trauer öffnete nicht. Wut klopft lauter und kräftiger. Schließlich kam Trauer und öffnete vorsichtig die Tür: „Was ist denn los, was machst du für einen Krach?" „Komm wir gehen schwimmen", rief Wut. „Ach nein, ich bleibe lieber hier im Haus", antwortete Trauer und wollte die Tür schon wieder zuziehen. Trauer dachte eine Weile nach und willigte schließlich ein.

Gemeinsam gingen sie zum See. Wut legte die Kleider ab und sprang sofort in den See, um eifrig hin und her zu schwimmen. Trauer faltete sorgfältig die Kleider am Ufer zusammen und lies sich langsam ins kühle Wasser gleiten. So schwammen sie eine kleine Weile miteinander im See.

Nach einer Viertelstunde beschloss Wut nun wieder den See zu verlassen, sie hatte noch sehr viel zu tun. So schwamm sie ans Ufer, kleidete sich an und verschwand schnell. Trauer

schwamm noch ein wenig hin und her und beschloss dann auch nach Hause zu gehen. Langsam schwamm sie zum Ufer und stellte, dort angekommen, zu ihrem Schrecken fest, dass ihre Kleider verschwunden waren. Wut hatte ihre Kleider angezogen.

Seit diesem Tag werden Beide miteinander verwechselt.[13]

Diese kurze Parabel verdeutlicht eine wichtige Wahrheit in Bezug auf Trauer. Manche Kinder können ihre Trauer nicht in Worten ausdrücken. Sie reagieren auf scheinbar belanglose Ereignisse plötzlich mit Wut. Es kommt vor, dass Kinder, die sehr ausgeglichen waren, nun auf einmal Wutanfälle bekommen und Eltern ihre Kinder plötzlich ganz anders erleben.

Für das Kind ist es wichtig, eine passende Ausdrucksform zu finden, durch die niemand verletzt wird. Weder das Kind selbst, noch irgendjemand im Umfeld des Kindes. Ein Ventil kann ein Boxsack sein oder vielleicht schnelles Rennen auf der Wiese. Für jüngere Kinder kann es außerdem sehr hilf-

....

13 Vgl. Bucay, 2015, S. 91 ff.

reich sein, passende Worte anzubieten oder Emoticons mit verschiedenen Gefühlsausdrücken in einem Gespräch einzubauen. So lernt das Kind, seine Traurigkeit in Worte zu fassen.

Kindern unter drei Jahren fällt es oft schwer, ihre Gefühle in Worte zu fassen. Genauso kann es auch seine Zeit dauern, bis die Worte der Eltern vor der Ausreise und auch kurz nach der Ankunft, bei dem Kind ankommen. Da ist es möglich, dass das Kleinkind in verschiedenen Situationen, z.b. beim Essen oder beim ins Bett gehen, plötzlich anfängt zu weinen oder über den Umzug spricht.

Die Gebärden- oder „Zwergensprache" für Kleinkinder, die noch nicht sprechen können, wird von Eltern als sehr hilfreich empfunden. Die Grundlage dieser Verständigung baut auf der angeborenen Fähigkeit von Babys und Kleinkindern auf, sich mit den Händen durch Gesten auszudrücken.

Die Hand-Auge-Koordination entwickelt sich früher als die verbale Ausdrucksfähigkeit. Eltern und Bezugspersonen können einfache Gesten nutzen, um mit dem Kind zu kommunizieren. Ist ein Kind wütend oder fühlt es sich traurig und vermisst eine Person, kann es diesen Gefühlen durch die entsprechenden Gesten Ausdruck verleihen. Dadurch kann viel Spannung zwischen Eltern und Kindern vermieden werden. Die Eltern sind in der Lage, die Reaktionen des Kleinkindes besser einzuordnen und das Kind kann seine Bedürfnisse besser kommunizieren. So kann das Kind zum Beispiel in einer neuen, ungewohnten Situation dem Vater kommunizieren: „Ich habe Angst oder ich möchte in den Arm genommen werden." Die oft sehr heftigen Reaktionen während der Trotzphase in Zeiten der Transition können so um einiges gemildert werden. Gerade auch in der Zwischenphase, der Ankunft in Deutschland, können sich viele Kleinkinder, deren Wortschatz noch gering ist, noch nicht ausreichend verbal ausdrücken. Oft haben die Kinder schon Teile der Landessprache gelernt und können sich zu Beginn in Deutschland nicht mit deutschem Vokabular entsprechend ausdrücken. Zwischen Kindern, die unterschiedliche Sprachen sprechen, kann eine gemeinsame Gebärdensprache Verständnisbrücken schaffen. Die oft bildhaften Handbewegungen sind einfacher als das Aussprechen eines Wortes und beide Kinder haben eine gemeinsame Sprache durch die Gesten.

EIN WUTKISSEN

Wenn ein Kind wütend ist, kann es sich ein großes Wutkissen holen und fest darauf herum klopfen. Für alle anderen Familienmitglieder bedeutet das Kissen: „Der ... ist wütend, daher lasse ich ihn jetzt in Ruhe."

WUT-BRÜLL-EIMER

Ist ein Kind furchtbar wütend, kann es seine Wut in einen Eimer hinein schreien. Auch Schimpfwörter haben Platz in diesem speziellen „Wuteimer"!

Trauer drückt sich unterschiedlich aus, wie im vorherigen Abschnitt bereits beschrieben. Viele benennen ein Gefühl der Leere und eine Art innere Taubheit. Für manche ist es wichtig, sich komplett zurückzuziehen und für eine Zeit alleine zu sein. Andere empfinden Wut und drücken diese dann in ihren Reaktionen aus.

Trauer braucht Zeit und Ausdruck. Sie ist nicht in ein paar Wochen einfach wieder verschwunden. Für manche ist das ein Jahreskreislauf. Nach einem Jahr ist vieles nicht mehr neu. Die ganze Familie hatte die Gelegenheit, neue Abläufe im Land kennen zu lernen und neue Beziehungen zu knüpfen.

Wie lange so ein Prozess dauert, hängt von verschiedenen Faktoren ab. Die Länge des Aufenthalts, die Art der Einbindung des Kindes in die Umgebung, die Persönlichkeit des Kindes, das Alter, die äußeren Umstände beim Verlassen des Landes und vieles mehr spielen eine Rolle im Erleben von Trauer.

Verschiedene Autoren haben Modelle entwickelt, um den Prozess der Trauer sichtbar zu machen. Kübler-Ross beschreibt ein Auf und Ab der Emotionen, Kast betont die Phase des „Nicht Wahrhaben Wollens" und Rando erwähnt die Vermeidung. Ob die Trauer nun in Phasen oder in Wellen geschieht, ist nicht eindeutig geklärt und neue Quellen lehnen eine Einteilung in Phasen ganz ab.

Kinder möchten ihre Trauer auf verschiedene Weise ausdrücken. Viele Kinder im Vorschulalter mögen Rückzugs- und Kuschelzeiten besonders gerne. Gemeinsames betrachten von Erinnerungsstücken und Fotos sowie „einfach da sein" für das Kind ist wichtig. Schulkinder finden es oft hilfreich, Gedanken selbst aufzuschreiben oder Erlebtes aufzumalen. Teenager empfinden Musik, Tanz und den Umgang mit Tieren in dieser Phase oft als unterstützend.

Die 13-jährige Julia setzte sich, wenn sie spürte, dass die Traurigkeit in ihr wieder hochstieg, ans Klavier und spielte Tonfolgen in wilder Reihenfolge, um damit ihren Gefühlen

Raum zu geben. Kevin, ihr Bruder, war gerne alleine, wenn er traurig war. Er ging nach draußen und kickte den Ball immer wieder heftig gegen die Wand. Für die 7-jährige Mona war es ganz wichtig, besondere Zeiten mit dem Familienhund zu haben und Ariana wollte gerne mit jemanden sprechen, wenn sie sich traurig fühlte.

Wichtig ist, dass Kinder wissen, es ist normal, sich traurig zu fühlen und es ist wichtig, sich Zeit dafür zu nehmen. Wer etwas oder jemanden sehr liebgewonnen hat, wird die Trauer besonders stark empfinden. Trauer ist ein schmerzhafter Hinweis darauf, wie wichtig uns Menschen, Gewohnheiten, Tiere oder auch Lebensumstände sind. Eltern sollten sehr wachsam sein, wenn diese Phase der Traurigkeit über mehrere Wochen nicht zu Ende zu gehen scheint. Dann ist es ganz wichtig, ärztlichen Rat zu suchen. In vereinzelten Fällen können Depressionen entstehen.

MÖGLICHE SYMPTOME VON DEPRESSION IN KINDERN UND TEENAGERN[14]

- Verunsicherung, Ablenkbarkeit oder Überreaktion
- Zorn, Wut, aggressives Verhalten
- Sozialer Rückzug
- Erhöhte Verletzbarkeit
- Appetitwechsel (Gewichtszunahme oder -abnahme)
- Schlafveränderungen (Schlaflosigkeit oder ständiges müde sein und schlafen)
- Häufige Ausbrüche von Schreien oder Weinen
- Konzentrationsstörungen, Denkstörungen
- Müdigkeit und Energielosigkeit

....

14 Stiftung Deutsche Depressionshilfe, 2018, o.A.

- Körperliche Beschwerden (Kopfschmerzen, Bauchschmerzen u.a.)
- Gedanken an Tod oder Selbstmord
- Verlust der Fähigkeit zu „funktionieren" auf Geburtstagen, Sportveranstaltungen ...
- Gefühle von Wertlosigkeit und Schuld
- Beginn von Alkohol – oder Drogenkonsum
- Suchtverhalten

KUMMERFROSCH

AB 8 JAHREN:

Besorge dir eine kleine, runde Papp-schachtel. Du kannst sie von außen grün anmalen oder bekleben.

Aus bunter Pappe kannst du Frosch-Füße und -Augen ausschneiden.

Schneide in den Deckel einen Schlitz und male einen Mund auf. In dieses „Froschmaul" kannst du und deine ganze Familie nun kleine Zettel mit deinen Sorgen und Problemen einwerfen.

Alle dürfen diese Zettel in den Kummerfrosch werfen

und dann seht ihr euch als Familie gemeinsam an, was jeder geschrieben hat. Das kann einmal in der Woche sein oder z.B. jeden Mittag nach dem Mittagessen. So wie es für dich und deine Familie am besten ist. Alle Zettel dürfen vorgelesen werden, dabei gibt es eine wichtige Regel: Nur der, von dem der Zettel kommt, darf etwas dazu sagen. Wenn es dein Zettel ist, der vorgelesen wird, darfst du entscheiden, ob jemand in der Runde auch etwas dazu sagen darf.

RÜCKKEHR IN DER KRISE

Unvorhergesehene Krisen sind eine große Herausforderung für alle Beteiligten. In seinem Buch *Erste Hilfe für traumatisierte Kinder* geht Andreas Krüger auf die unterschiedlichen Bedürfnisse und Auslöser eines Traumas bei Kindern ein. Im Auslandsaufenthalt kann es auch ganz unvermittelt zu einer Situation kommen, die die ganze Familie unvorbereitet trifft. Eine Krise kann durch eine Naturkatastrophe oder einen schweren Unfall ausgelöst werden. Die Auslöser können vielseitig sein. Wenn das Land aufgrund einer Krise plötzlich verlassen werden muss, ist es oft nicht möglich, sich zu verabschieden. Die Krise selbst betrifft alle Beteiligten. Oft haben Erwachsene die Möglichkeit, logische Zusammenhänge zu erkennen oder darüber zu sprechen. Je kleiner die Kinder sind, desto schwieriger ist es für sie zu verstehen, was gerade passiert und warum sie ihr Zuhause verlassen müssen.

Wie können Sie als Eltern oder Vertrauenspersonen Kinder und Jugendliche begleiten und in der Phase der Rückkehr stärken?

Oft verursachen Krisen ein Trauma in den betroffenen Kindern und Jugendlichen. Dabei geht es in erster Linie um das, was sie vor Ort erleben. Ereignisse, die zum Trauma führen können, sind: eine Lebensbedrohung für das eigene Leben oder das einer nahestehenden Person, Bedrohung jeder Art und erlebte Gewalt. Dabei ist ein Gefühl des Ausgeliefertseins, weil keine Hilfe von Eltern oder anderen Vertrauenspersonen in dem Moment der Bedrohung geleistet wurde, ein weiterer Faktor, der zu einer Traumatisierung führen kann. Krüger sagt, dass plötzliche und unvorhergesehen eintretende Ereignisse traumatisierend sein können, ebenso wie langanhaltende, schwerwiegende Erlebnisse. Typische Reaktionen bei Kindern sind dann existentielle Angst, das Gefühl der Hilflosigkeit und Verzweiflung sowie ein inneres Erstarren, eine Ohnmacht, ein Schockzustand. Häufig kommt es auch zu einer Dissoziation, einem inneren Abspalten von der Situation. Im späteren Verlauf kommt es oftmals zu einer Rückentwicklung von bereits vorhandenen Entwicklungsschritten oder auffälligem Verhalten. Bei manchen Kindern kann man starke Unruhe und Hyperaktivität oder häufiges Weinen und Rückzug beobachten.

Vielleicht hat das Kind schlimme Bilder gesehen oder schreckliche Geräusche gehört und kann diese nicht richtig zuordnen. Vielleicht war das Kind unmittelbar in das Geschehen involviert oder ist selbst betroffen. Vielfältige Ursachen können zu einer Traumatisierung führen. Dabei können Säuglinge genauso betroffen sein wie ältere Kinder oder Teenager. Kinder reagieren auf sehr unnormale Ereignisse mit normalen Reaktionen. Krüger spricht davon, dass das Gehirn auf Notfallmodus schaltet. Im limbischen System des Gehirns, in der Amygdala, die für die Regelung der Gefühle verantwortlich ist, wird höchste Alarmstufe ausgerufen. Kann die Situation nicht auf die übliche Art gelöst werden, tritt nun ein weiterer Mechanismus des Gehirns ein. Die Regelung für Dauerstress mit der Ausschüttung des Hormons Cortisol beginnt. Das kann nach neusten Forschungsergebnissen zu einer Verschaltung führen. Der Energieumsatz im Gehirn wird gemindert, Wachstumsprozesse werden gehindert. Diese dauerhafte Belastung kann zu Schädigungen am Gehirn des Kindes führen.[15] Wenn ein Kind zusätzlich zu einem traumatischen Ereignis sein gewohntes Umfeld verlassen muss, stellt das eine doppelte Belastung für das Kind und somit für das Gehirn dar.

Während oder kurz nach dem krisenhaften Geschehen ist es ganz entscheidend für das Kind, wie es in dieser Schockphase aufgefangen wird. Ein Beispiel, in dem es gelungen ist, ein Kind in einer bedrohlichen Situation aufzufangen, zeigt die folgende Geschichte:

Miriam war sechs Jahre alt, als ihre Eltern in einem südamerikanischen Land mit ihr in die Berge flohen. Rebellen waren in die Nähe der Versuchsstation der Eltern gekommen und es bestand akute Lebensgefahr für die Familie. Die Mutter hatte

....

15 Vgl. Krüger, 2017, S.44.

einen kleinen Rucksack gepackt und nun saß die Familie viele Kilometer von ihrem Wohnort entfernt in einem geschützten Waldstück und spielte ein Kartenspiel und knabberte Kekse miteinander – für Miriam eine geborgene Situation in der Nähe der Eltern. Miriam hat erst als erwachsene Frau realisiert, wie akut die Gefahr war und wie wenig sie dank der Fürsorge und des klugen Umgangs der Eltern mit dem Geschehen, davon berührt war. Sie hat diese Situation nicht als bedrohlich erlebt.

Nicht immer ist es möglich, solche Räume in der Akutsituation zu schaffen. Gerade durch die starke Doppelbelastung, die ein Kind erlebt, wenn es in der Krise sein bekanntes Umfeld verlassen muss, wird es noch wichtiger, das Kind oder den Jugendlichen zu unterstützen. Kinder, die ein Trauma erlebt haben, müssen aus der Akutsituation so schnell wie möglich herausgenommen werden. Für die Eltern eines Säuglings kann das bedeuten, für ein ruhiges, entspanntes Umfeld zu sorgen. Sanfte Berührungen sowie viel körperliche Nähe können den Stresslevel erheblich senken und damit das Trauma verringern.

Die Wahrnehmung und das Erleben des Kindes sollten auf wertschätzende Weise Raum bekommen. Dabei ist es wichtig, im Blick zu haben, dass Kinder Ereignisse anders wahrnehmen als Erwachsene. Für ein Kind kann es traumatisierend sein, den Hund einfach zurückzulassen. Ein anderes Kind behält den furchtbaren Knall beim Einschlag der Granate auf der gegenüberliegenden Straßenseite im Ohr.

RAUM FÜR DAS VERARBEITEN

Als Eltern oder Personen, die das Kind unterstützen, können wir nicht wissen, was in dem Kind vorgeht. Es ist wichtig, Zeit und Raum zu schaffen, dass das Kind zum Ausdruck bringen kann, was es erlebt hat. Dies kann durch Verbalisieren oder durch Malen, Rollenspiele oder ähnliches angeregt werden. Dabei ist es gut, mehr Fokus auf die Gefühle des Kindes zu legen und nicht so sehr auf das Ereignis selbst. Dies könnte sonst durch das Erinnern zu einer Re-Traumatisierung führen.

Ein paar einfache Regeln können sein:
- Erklären Sie dem Kind, dass seine Gefühle im Moment ganz normal sind.
- Machen Sie deutlich, dass das Kind zu jeder Zeit im Gespräch einfach „Stopp" sagen darf, wenn es nicht sprechen möchte.
- Seien Sie ein aufmerksamer Begleiter. Achten Sie auf die Körperhaltung, die Atmung, die Stimmlage und den Blick des Kindes.
- Erklären Sie Zusammenhänge, was und wie es zu dieser Situation gekommen ist (in verständlicher Sprache).
- Scheuen Sie sich nicht, Begriffe für Tod und Verlust zu erläutern (ohne Euphemismen).
- Fragen Sie die Kinder, inwiefern sie sich beteiligen möchten, wenn sie sich in einer Gruppe treffen.
- Bereiten Sie das Kind auf Emotionen anderer Beteiligten vor.

Manche Kinder reagieren scheinbar überhaupt nicht oder in einer Art von Starre, wenn über Trauer gesprochen wird. Versuchen Sie, dem Kind liebevolle Aufmerksamkeit zu schenken.

- Manche Kinder verstecken ihre Gefühle, um die Erwachsenen zu schützen. Signalisieren Sie dem Kind, dass es sicher ist.
- Das Wertvollste, das Sie dem Kind in der akuten Situation geben können, ist Nähe, Sicherheit und Geborgenheit. In der akuten Phase einer Krise kann es auch gut sein, dem Kind Zugeständnisse zu machen, die im normalen Tagesablauf nicht mehr dazugehört haben, wie etwa eine Zeitlang mit im Bett der Eltern zu schlafen. Beobachten Sie das Kind über einen Zeitraum, ob die akuten Stressreaktionen zurückgehen. Bleibt das Kind in einem emotionalen Ausnahmezustand, sollten Sie dringend die Unterstützung eines Kinder-Psychotherapeuten hinzuziehen.[16]

....

16 Vgl. Krüger, 2017, S. 161.

● ● ● ●

Ankunft Heimat

WIE VIELE GIBT ES DAVON?

EIN KLUGES CHAMÄLEON

56,8 Millionen Menschen haben im Jahr 2017 nach Schätzung des britischen Marktforschungsinstituts Finaccord als Expats im Ausland gelebt. Würde man eine Menschenkette mit allen Expats bilden, so könnte man die Welt neun Mal komplett umfassen. Die Zahl der Expats steigt stetig. Mit der steigenden Zahl gibt es auch immer mehr Kinder und Teenager, die in einem anderen Land als dem Heimatland der Eltern aufwachsen.

Der Begriff „Heimat" ist tief in der deutschen Sprache verankert. In anderen Sprachen fällt es schwer, einen ähnlich starken Begriff zu finden. Heimat ist oft gekoppelt an romantische Erinnerungen und es schwingt ein Geschmack von Melancholie mit. Aber wer entscheidet denn, dass es für jeden nur eine Heimat geben darf? Vielleicht haben Kinder eine innere Heimat an verschiedenen Orten mit unterschiedlichen Bedeutungen. Da gibt es die Heimat, wo die Großeltern wohnen oder die, wo die Kindheitserinnerungen sind. Es kann auch die Heimat geben, die eine Nähe zur Kernfamilie bedeutet. In der Offenheit, diesen Begriff neu zu definieren, kann Freiheit entstehen, die eine offene Haltung gegenüber neuen Orten und Lebensgewohnheiten mit sich bringt.

Für Kinder, die nicht im Heimatland der Eltern aufgewachsen sind, gibt es eine spezielle Bezeichnung. Man nennt sie

„TCKs" (Third Culture Kids). Manche verwenden auch den Begriff „transkulturelle Kinder" oder „CCKs" (Cross Cultural Kids). Dabei wird der Begriff Cross Cultural Kids viel weiter gefasst, nach einer Definition von Ruth van Reken zählen zu CCKs Kinder mit einem Elternteil aus einer anderen Nationalität, Kinder von Migranten sowie Kinder, die in Grenzbezirken aufwachsen oder in einem interkulturellen Umfeld.[17]

Der Begriff TCK wurde in den 60er Jahren von der Soziologin und Erziehungswissenschaftlerin Dr. Ruth Hill Useem geprägt. Bei ihrem Forschungsprojekt unter US Amerikanischen Kindern, die in Indien aufwuchsen, ist ihr zum ersten Mal eine ganz besondere Dynamik aufgefallen. Diese Kinder lebten viele Jahre in der Gastkultur, nahmen jedoch nie völlig die Kultur des Landes an, sie behielten immer auch Anteile der Herkunftskultur. Nach den Beobachtungen von Dr. Hill Useem entwickelten diese Kinder eine Kultur zwischen den Kulturen. Eine sogenannte „Drittkultur". In dieser Kultur fühlen sie sich am wohlsten mit anderen, die ähnliches erlebt haben.

David Pollock, Ruth van Reken und Georg Pflüger definieren im Buch *Third Culture Kids:*

> *„Ein Third Culture Kid ist eine Person, die einen bedeutenden Teil ihrer Entwicklungsjahre außerhalb der Kultur ihrer Eltern verbracht hat. Ein TCK baut Beziehungen zu allen Kulturen auf, nimmt aber keine davon völlig für sich in Besitz. Zwar werden Elemente aus jeder Kultur in die Lebenserfahrung des TCKs eingegliedert, aber sein Zugehörigkeitsgefühl bezieht sich auf andere Menschen mit ähnlichem Hintergrund."[18]*

....

17 Vgl.Pollock, Reken, Pflüger 2003, S. 19
18 Pollock, Reken, Pflüger, 2003, S. 31

Die amerikanische Erziehungswissenschaftlerin Rebecca Grappo schreibt, dass Zugehörigkeit, Wahrgenommen werden und Eingebunden sein die Grundbedürfnisse aller Kinder sind. Diese Grundbedürfnisse werden dem Kind bei jedem Umzug entrissen.

Sogenannte TCKs verbringen ihre prägenden Jahre in einem anderen Land, einer anderen Kultur mit anderen Traditionen und Bedeutungen. Diese Kultur nehmen sie im Laufe der Jahre für sich an. Sie werden jedoch gleichzeitig als Ausländer in der Gastkultur wahrgenommen. So beginnen sie eine ganz eigene Kultur, eine dritte Kultur, zu schaffen, eine Kultur in der sie sich auskennen und wohlfühlen.

TCKs verstehen sich oft am besten mit Kindern, die ähnlich aufwachsen. Wie das einzelne Kind mit den Herausforderungen umgeht, liegt an der Persönlichkeit, der Dauer des Aufenthalts, der Einstellung der Eltern und an vielem mehr. Viele Kinder finden sich sehr gut mit diesem multiplen Lebensstil zurecht.

EIN KLEINER TEST FÜR KINDER UND JUGENDLICHE

TCK-TEST:[19]

Hier findest du ein paar Fragen, in denen du dich vielleicht wiederfindest. Manches kommt dir vielleicht bekannt vor. Natürlich wird nicht alles auf dich zutreffen, es ist eher eine humorvoll zusammengestellte Liste von Ähnlichkeiten, die TCKs miteinander haben.

19 Vgl. Straughan, 2010, o.A.

Du bist TCK, wenn ...

- du die Frage „Woher kommst du?" nicht eindeutig beantworten kannst.
- du zwei oder mehr Sprachen fließend sprichst, dir aber in der Rechtschreibung in keiner Sprache wirklich sicher bist.
- du geflogen bist, bevor du laufen gelernt hast.
- du dir einen Auslandsreport im Fernsehen ansiehst und jemanden erkennst.
- du etwas von dir erzählst und es beginnt meist mit: „dann sind wir umgezogen ...".
- du beim Anschauen eines Reiseberichts Heimweh bekommst.
- Zuhause ein abstrakter Begriff für dich ist.
- du deine Freunde nach Kontinenten sortierst.
- du in synchronisierten Filmen im Kino erkennst, was die Schauspieler wirklich sagen.
- Regen auf einem Blechdach für dich das schönste Geräusch der Welt ist.
- du mit der Verkäuferin im Kaufhaus um den Preis handelst.
- du automatisch immer deine Schuhe ausziehst, wenn du ein Haus betrittst.
- dein Zimmer aussieht wie ein Naturkundemuseum mit vielen exotischen Utensilien.
- du dich bestens auskennst mit der Geografie der ganzen Welt, nur die deines Heimatlandes kennst du nicht.
- deine besten Freunde auf fünf verschiedenen Kontinenten wohnen.

Kinder, die in mehreren Kulturen aufwachsen, lernen schon sehr früh, wie sie Beziehungen mit anderen schnell und intensiv aufbauen können. Sie machen aber oft auch sehr früh Erfahrungen damit, wie schmerzhaft es ist, diese wieder loszulassen. In den Zeiten von Facebook, Whatsapp, Skype und ähnlichem wird es ein bisschen leichter, im Kontakt zu bleiben. Diese Kinder entwickeln oft ein weltweites Netzwerk von Freunden. Das ist eine ganz besondere Fähigkeit in einer Welt, die meist die Unterschiede und nicht die Gemeinsamkeiten betont – eine echte Chance, auch später zu einem Brückenbauer zu werden, der Menschen miteinander in Verbindung bringen kann, egal welche Herkunft, Religion oder Hautfarbe sie haben.

Diese Kinder haben es auch gelernt, mit häufigen Wechseln umzugehen. Immer wieder haben sie die Schule, den Wohnort, vielleicht sogar das Land oder den Kontinent gewechselt. Durch ein Aufwachsen unter diesen besonderen Bedingungen können sie ihre Umwelt sehr schnell einschätzen und erkennen oft Möglichkeiten und kreative Wege, die andere gar nicht wahrnehmen. Ihre Perspektive auf die Welt ist sehr offen und weitherzig. Sie sehen sich selbst als Weltbürger und stecken Menschen, die eine andere Perspektive haben, nicht gleich in eine Schublade. Sie haben gelernt, dass es unterschiedliche Aspekte von Wahrheit geben kann.

Als Weltbürger fühlen sich TCKs meist nicht einer bestimmten Kultur zugehörig. Third Culture Kids können sich an vielen Orten zuhause fühlen und die unterschiedlichsten kulturellen Eigenarten in ihren Lebensstil integrieren. Sie könnten an verschiedenen Orten der Welt auf Jobsuche gehen und ihren Platz in dieser Kultur finden. Sie haben gelernt, sich „chamäleonartig" an ihre Umgebung anzupassen. Das ist einerseits eine herausragende Fähigkeit und andererseits verunsichert es und ist oft anstrengend. So verhalten sich manche TCKs wie ein Chamäleon. Sie nehmen die „Farbe" ihrer jeweiligen Umgebung an. Das bedeutet, sie sind in der Lage, sich ihrer Umgebung fast perfekt anzupassen. Das ist eine sehr besondere Fähigkeit und erfordert viel Flexibilität. Es kann auf der anderen Seite auch irgendwann sehr anstrengend werden, sich immer wieder anzupassen und es besteht die Gefahr, dass die so wertvollen, eigenen Erinnerungen und Lebenserfahrungen dadurch in den Hintergrund treten. Die Suche nach der Identität bewegt viele junge Erwachsene TCKs ganz besonders. Wird diese Frage nicht beantwortet, trägt mancher diese Frage mit sich bis ins reife Erwachsenenalter. Simon erzählte mir:

„Ich habe mich immer ein bisschen weniger wert als die Anderen gefühlt, weil ich in zwei Kulturen aufgewachsen bin. Im asiatischen Raum gibt es dafür ein Wort, das so etwas wie halbes Kind bedeutet. Irgendwann habe ich mit einem älteren Mann gesprochen, der auch in unterschiedlichen Kulturen aufgewachsen ist. Er sagte zu mir, du bist sehr reich, denn du hast eine doppelte Kultur. Von da an sah ich es von einer anderen Seite, nicht die Hälfte, sondern ich habe das Doppelte."

BLAU - GELB

Stell dir vor, die Farbe Blau steht für das Land, aus dem deine Eltern kommen. Dort wohnen vielleicht auch deine Cousinen und Cousins oder deine Großeltern. Vielleicht kennst du auch ein paar Kinder von dort aus einem Urlaub oder von der Zeit, bevor du mit deinen Eltern ausgereist bist. Diese Kinder in dem (mal angenommen) blauen Land, kennen die Witze, die Tricks in der Schule, die Musik, die gerade „in" ist und wissen welche Schuhe cool sind.

Stell dir nun vor, für das Land, in dem du die letzten Jahre mit deinen Eltern gelebt hast, steht die Farbe Gelb. Die meisten Kinder in diesem Land sprechen kein Deutsch, feiern die deutschen Feste nicht und reisen auch selten in Länder wie Deutschland. Die Kinder kennen sich ausgezeichnet aus mit den Sportarten, die man dort spielt, mit der Art wie man miteinander spricht und natürlich kennen sie die Witze.

PROJEKT:

Welche Farbe bist du? Gehörst du ganz zu den Leuten im gedachten blauen Land? Oder bist du einer von denen, die ganz zu denen im gedachten gelben Land gehören? Wirklich ganz gelb? Oder ganz blau? Wahrscheinlich nicht.

Nimm dir Wasserfarben und mal eine Fläche auf der linken Blattseite gelb. Male nun eine Fläche auf der rechten Seite hellblau. Lasse anschließend die beiden Farben in der Mitte des Blattes ineinanderlaufen … was siehst du nun? Richtig: Grün.

Wenn du gelb und blau mischst, entsteht grün. So ist das auch mit dir. Du bist nicht genauso wie die Kinder im Land aus dem deine Eltern kommen und du bist auch nicht ganz genauso wie die Kinder in dem Land, in dem du zurzeit lebst. Du wirst auch niemals ganz blau oder ganz gelb werden und das musst du auch nicht. Es ist ganz besonders, dass du dich in beiden Ländern auskennst.

Einzigartig, wunderbar, grün, TCK.

GEDICHT EINES TCKS

„I grew up in Yellow Country.
But my parents are Blue.
I'm Blue.
Or at least, that is what they told me.

But I played with the Yellows.
I went to school with the Yellows.
I spoke the Yellow language.
I even dressed and appeared to be Yellow.

Then I moved to the Blue Land.

Now I go to school with the Blues.
I speak the Blue language.
I even dress and look Blue.
But deep down inside me,
something's Yellow.
I love the Blue country,
but my ways are tinted with Yellow.

When I am in Blue Land,
I want to be Yellow.
When I am in Yellow Land,
I want to be Blue.

Why can't I find a place,
where I can be both?
A place where I can be me.
A place where I can be Green.
I just want to be Green."

Whitni Thomas

GLEICH UND DOCH ANDERS[20]

1. Ausländer – sieht anders aus, denkt anders: Die meisten TCKs gelten im Einsatzland als Ausländer. Sie unterscheiden sich sowohl in der Erscheinung als auch in der Weltsicht von den Menschen um sie herum. Die Menschen um sie herum und sie selbst wissen, dass sie Ausländer sind.

2. Adoptivkind – sieht anders aus, denkt gleich: Manche TCKs unterscheiden sich rein äußerlich von den Menschen im Einsatzland, leben aber schon so lange in dieser Kultur, dass ihr Verhalten und ihre Weltsicht dieselben sind wie die der einheimischen Kultur. Während sich die TCKs sehr wohl fühlen in der sie umgebenden Kultur, kann es sein, dass andere sie aber als Ausländer behandeln.

3. Heimlicher Einwanderer – sieht gleich aus, denkt anders: Kehren TCKs in ihr „Heimatland" zurück, sind sie oft heimliche Einwanderer. Äußerlich sind sie den Menschen ähnlich, innerlich aber betrachten sie das Leben durch eine Linse, die sich von der Kultur völlig unterscheidet. Die Leute um sie herum gehen davon aus, dass sie innerlich genauso sind wie sie selbst, da sie ja auch genauso aussehen.

4. Spiegel – sieht gleich aus, denkt gleich: Dies sind TCKs, die nicht nur äußerlich den Menschen um sich herum gleichen, sondern sich auch die tieferen Ebenen dieser Kultur angeeignet haben. TCKs, die nur ein oder zwei Jahre oder nur als kleine Kinder im Ausland waren, können auch in diese Kategorie gehören. Sie haben zwar im Ausland gelebt, doch die tieferen Ebenen ihrer Kultur sind fest in der Heimatkultur verwurzelt geblieben.

....

20 Vgl. Pollock, Reken, Pflüger, 2003, S. 277.

ALTE FREUNDE - NEUE FREUNDE

Freundschaften zu schließen war im Einsatzland vielleicht ganz anders als zurück im Heimatland der Eltern. Viele Auslandsschulen bieten Ganztagesklassen mit Sportunterricht und weiteren musischen Angeboten am Nachmittag an. Freundschaften entstehen so in der Umgebung der Schule und durch gemeinsame Interessen. TCKs erfahren im Laufe ihres Auslandsaufenthaltes wie wichtig es ist, Freundschaften möglichst schnell zu schließen. Schon im nächsten Halbjahr könnte der Freund oder die Freundin wieder weiterziehen. Sie lernen, dass es wichtig ist, in kurzer Zeit eine tiefe Ebene miteinander zu schaffen. Das bedeutet, viele TCKs halten sich nicht mit oberflächlichen Gesprächen auf. Sie wollen möglichst viel von der Person selbst erfahren und es entsteht in ganz kurzer Zeit eine intensive Nähe. Das funktioniert sehr schön, solange TCKs Freundschaften miteinander schließen. Oft sind solche Freundschaften über Kontinente und Jahrzehnte hinweg gute Beziehungen. Manche Kinder bringen auch sehr wenig Erfahrungen im Beziehungsaufbau mit, da sie in einem Umfeld gewohnt haben, in dem es ihnen nicht wirklich möglich war, Freundschaften mit Gleichaltrigen zu knüpfen. Vielleicht haben sie die Eltern in entlegene Gegenden begleitet und an der Fernschule teilgenommen.

Mit der Rückkehr bringen diese im Ausland aufgewachsenen Kinder ihr eigenes Bild von Freundschaften mit. Diese inneren Konzepte und Überzeugungen, die jeder Mensch in sich trägt, sind nicht gleich sichtbar. Kinder, die beispielsweise immer in Deutschland waren, tragen ebenso ein inneres Konzept in sich, wie Freundschaften geschlossen werden, was wichtig ist und was man vielleicht lieber nicht tun sollte. Dabei haben die meisten Kinder über einen sehr langen Zeitraum die Gelegenheit, Freundschaften zu bauen. Viele wachsen miteinander auf und wählen sogar einen ähnlichen Bildungsweg. Selina (12) war seit ein paar Wochen mit ihrer Familie wieder in Deutschland. Seit ihrem dritten Lebensjahr hatten sie als Familie in verschiedenen Ländern gewohnt und Auslandsschulen besucht. Schon mehrere Male hatte sie erlebt, was es bedeutet, alle Freunde zurückzulassen und an einem neuen Ort wieder Freundschaften zu schließen. Mit ihrer offenen und fröhlichen Art ging sie gleich auf Mitschüler zu. Sie stellte ihnen Fragen und bemühte sich, einen guten Kontakt aufzubauen. Nach ein paar Wochen wurde sie jedoch zunehmend ruhiger und trauriger. Die meisten ihrer Klassenkameraden stellten keine oder kaum Rückfragen. Sie empfand die Art und den Inhalt der Kommunikation häufig als oberflächlich und für sie nicht relevant. Die Art, aufeinander zuzugehen, war ihr fremd. Alle schienen sich irgendwie einig zu sein über den Umgang miteinander.

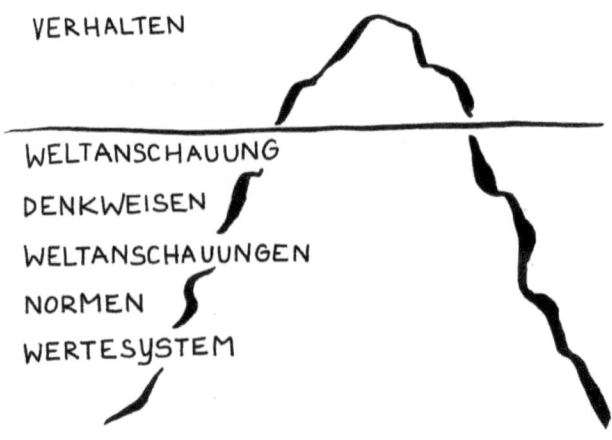

VERHALTEN

WELTANSCHAUUNG
DENKWEISEN
WELTANSCHAUUNGEN
NORMEN
WERTESYSTEM

Am sogenannten Eisbergmodell[21] lässt sich diese Dynamik ablesen.

Die unsichtbare Seite des Eisbergs ist dem Einzelnen oft gar nicht bewusst. Sie ist auf verschlüsselte Weise in der Kultur vorhanden. Wir tendieren manchmal dazu, den anderen auf das zu reduzieren, was wir unmittelbar von ihm wahrnehmen. Die eigene Wahrnehmung der Dinge erscheint als einzig gültige, da sie natürlich und selbstverständlich ist.

FRENGLISCH, JENGLISCH, UND DENGLISCH

„Können wir den Padlom anschalten und ein bisschen Kau Pad essen?" fragt die fünfjährige Ella. Erstaunt drehen sich die anderen Fahrgäste im Bus zum Vater um. Was meint die Kleine und welche Sprache spricht sie?

Wer ein paar Jahre im Ausland verbracht hat, integriert meist landestypische Begriffe in den eigenen Sprachgebrauch. Für Kinder ist es natürlich sehr wichtig, die richtigen Begriffe in ihrer Muttersprache zu kennen und auch anwenden zu können.

Ein guter Umgang mit der deutschen Sprache ist ein entscheidender Faktor für ihre Integration in der Schule.

Wichtig für Kinder ist eine klare Trennung. Unterschiedliche Sprachen sollten nicht miteinander vermischt werden. Oft schleichen sich Worte als eine Sonderform in der Familie

....

21 in Anlehnung an das Eisberg-Modell von Edgar Schein, 2003.

ein. Begriffe werden aus mehreren Sprachen benutzt und in einem Satz verwendet. Das Gleiche geschieht auf der Ebene der Grammatik und oft auch der Intonation, des Sprachklangs.

Diese Art der Kommunikation funktioniert solange gut, wie sie in einem exklusiven Personenkreis, wie der Familie oder dem erweiterten Team, benutzt wird. Verlässt ein Kind diesen engen Kreis, wird es schwierig werden, eine gute Kommunikation mit Anderen aufzubauen. Für Außenstehende wirkt diese Art des Sprachenmix verwirrend und befremdlich.

Für das Kind selbst ist es auch wichtig, sich mit einer Sprache zu identifizieren.

Im deutschen Sprachgebrauch sprechen wir von „Herzenssprache". Das ist die Sprache, in der wir träumen, in der wir uns neue Ideen überlegen und in der wir unsere innersten Empfindungen am besten ausdrücken können. Und doch gibt es in jeder Familie, die einige Zeit im Ausland war, ein paar Begriffe, die zum Familiensprachgebrauch gehören. Das ist dann fast so etwas wie eine Geheimsprache: Wörter, die an gemeinsame Erlebnisse erinnern. Eine schöne, ganz private Bereicherung.

Neben diesen Spezialeffekten haben ihre Kinder oft mindestens eine weitere Sprache gelernt. Sprache beinhaltet ein Lebensgefühl, eine Lebensart. Sprache, gesprochen, geschrieben oder gesungen, ist eng verknüpft mit unseren Gefühlen.

Manche Kinder lehnen es komplett ab, die Sprache, die sie im Ausland gesprochen haben, weiterzusprechen. Für sie ist es im Moment wichtiger, sich auf die deutsche Sprache zu konzentrieren, um ihren Alltag bewältigen zu können. Für

Eltern erscheint das zunächst vielleicht wie ein Verlust. Oft kommen das Interesse und die Freude an der anderen Sprache aber nach ein paar Jahren zurück.

Karina sprach fließend Französisch, als sie im Alter von sieben Jahren mit ihrer Familie aus dem Ausland zurückkehrte. Schon nach kurzer Zeit schien sie einige Worte vergessen zu haben und nach ein paar Monaten reagierte sie mit Ärger darauf, wenn sie auf Französisch angesprochen wurde. Als Teenager entdeckte sie ihre Freude an Sprachen und lernte Spanisch und Französisch. Neue Sprachsysteme zu erlernen fiel ihr sehr leicht.

Für manche Kinder ist es wiederum ganz besonders, wenn in der Familie die Sprache des Einsatzlandes weiter gepflegt wird. Ein besonderes Abendessen in der Landessprache oder ein Filmabend einmal im Monat könnten Möglichkeiten sein, die Sprache weiterhin in der Familie lebendig zu halten. Freunde oder Gäste, die die Sprache des ehemaligen Gastlandes sprechen, sind auch eine schöne Möglichkeit, Sprache und Kultur in der Familie zu beleben.

Für viele Kinder ist der Unterricht in einer deutschsprachigen Schule zurück im Heimatland am Anfang herausfordernd. Ein Lehrer-Eltern-Gespräch hierüber ist wichtig und in den meisten Fällen sehr hilfreich für den weiteren Umgang der Lehrkraft mit dem Kind. Viele Lehrer zeigen Verständnis, wenn ihnen erklärt wird, aus welcher Situation das Kind gerade kommt und welche vielfältigen anderen Wissensgebiete es bereits entdeckt hat.

UNVERZOLLT

Wer musste nicht schon mal ein Taschenmesser oder ein besonderes Fundstück bei der Kontrolle am Flughafen abgeben? Das ist meist ziemlich ärgerlich. Rückkehrer-Kinder mussten unglaublich viele für sie wertvolle Dinge im Land zurücklassen. Es gibt jedoch auch einiges, das ihnen bleibt. Kein Zoll der Welt kann ihre Erlebnisse und Erfahrungen kontrollieren und aussortieren.

Es gibt einen weiteren Faktor, der berücksichtigt werden kann, um Kindern in der Transitions-Phase Halt zu geben. Dafür ist es wichtig, sich bewusst zu machen, was den Alltag des Kindes geprägt hat. Manche Dinge im Alltag unterscheiden sich nicht allzu sehr von den Abläufen im Gastland. Gerade Familien mit Kindern haben oft feste Traditionen, Rituale und bestimmte Abläufe im Familienalltag. Es beginnt schon morgens beim Aufstehen. Klingelt der Wecker oder das Handy oder ist es in Ihrer Familie so, dass Sie als Mutter oder Vater die Kinder wecken? Vielleicht ist es auch der Familienhund, der reihum geht und alle mit seiner warmen Schnauze aufweckt. Beim Frühstück geht es oft weiter mit liebgewordenen Traditionen. Der eine mag ein Brot mit Nussnougat Creme, für andere muss es immer Müsli sein. So wiederholen sich viele Dinge im Alltag, die sie als Familie so oder ähnlich auch im Ausland gehandhabt haben. Betrachten Sie doch einmal gemeinsam mit Ihren Kindern die einzelnen Abläufe vom Morgen bis zum Abend. Was ist gleich geblieben und was hat sich verändert?

Ebenso gibt es bestimmte Abläufe während einer Woche und eines Monats. Da wird in machen Familien besonders Wert darauf gelegt, Zeit miteinander zu verbringen. Geburtstage, Feiertage und Urlaub werden als Höhepunkte gefeiert. Welche besonderen Feste und regelmäßige Aktivitäten gibt es in Ihrer Familie? Was ist gleichgeblieben und was hat sich verändert?

Manches wird nun zurück in der Heimat oder einem neuen Gastland anders sein, Anderes bleibt gleich. Die besondere Chance steckt darin, neue eigene Familientraditionen zu schaffen. Traditionen, die das Bekannte mit dem neu dazugewonnenen verbinden.

Familie Klein hat besondere Stoffe aus Afghanistan mitgebracht. Während ihres Auslandsaufenthalts frühstückte die Familie am Freitagmorgen immer gemeinsam. Dazu gab es gebratene Eier in Blumenform und selbstgebackenes Brot. Wieder zurück in der Heimat, hat Familie Klein beschlossen, den Familien-Tag beizubehalten. Immer am Sonntagmorgen holen sie die bunten Tücher aus Afghanistan aus dem Schrank, braten die Eier in Blumenform und an manchen Sonntagen gibt es immer noch das selbstgebackene Brot. Meist essen sie aber nun frische Brötchen.

Für die Familie ist das eine ganz besondere kleine Tradition, die ihnen viel bedeutet. Sie verbindet Bekanntes und gibt damit Sicherheit in der Phase der Ankunft und lässt dabei Raum für Neuentdeckungen. Bei diesen gemeinsamen Treffen am Frühstückstisch werden Erinnerungen ausgetauscht und auch über neue Erlebnisse gesprochen. Mitgebrachte Gegenstände und Symbole aus dem Gastland können als zentrale

Elemente dienen. Das kann ein Kerzenleuchter aus Rumänien sein oder ein Kaffeetopf aus Ägypten oder der große metallene Gong aus China. Etwas, das von der Familie als typische Erinnerung erkannt wird.

Für jüngere Kinder geben diese gemeinsamen Zeiten viel Halt in unruhigen Zeiten. Teenager finden es meist schwierig, die Spannung zwischen dem Wunsch sich von der Familie zu lösen und der Sicherheit die die Familie und die bekannten Traditionen geben, auszuhalten. Hier ist es ganz wichtig als Eltern Teenagern Freiraum zu geben und trotzdem gewisse Traditionen beizubehalten. Für Teenager ist die Herausforderung besonders groß. Die Familie ist meist das einzige bekannte Umfeld, das ihnen geblieben ist und gleichzeitig befinden sie sich in einem Ablöseprozess von der Familie.

MEIN TAG

AB 8 JAHREN MIT ELTERN:

Wie sah denn ein normaler Tagesablauf für dich aus? Schreibe oder male es auf. Was bleibt für dich gleich? Kreise das ein, was nach eurem Umzug weiter so stattfindet oder was du so weiter tun möchtest.

MORGENS

MITTAGS

ABENDS

UNSICHERHEIT, BEGEISTERUNG UND WEGLAUFEN

PHASEN DER WIEDEREINGLIEDERUNG

Während Eltern meist in ihr Heimatland zurückkehren und mit ganz eigenen Herausforderungen zu tun haben, kommen die Kinder oft in ein ihnen etwas fremdes Land. In unserem Buch „Rückkehr aus dem Ausland" werden die Phasen der Rückkehr allgemein beschrieben. In diesem Buch möchte ich besonders auf die Bedürfnisse von Kindern und Jugendlichen eingehen. Meist kennen sie die „Heimat" aus Aufenthalten in den Ferien mit ihren Eltern.

1. Touristenphase: Bei der Ankunft erleben sie nun die Heimat der Eltern ähnlich wie einen Urlaub. Sie freuen sich, die Großeltern wieder zu sehen und vielleicht einige Bekannte vom letztem Jahr. Die verschiedenen Angebote in den Geschäften sind reizvoll und sie stehen im Mittelpunkt der Aufmerksamkeit. Diese Phase wird „Touristenphase" genannt.

2. Ernüchturungsphase: Gleich darauf folgt die „Ernüchterungsphase". Oft fällt ihnen schon nach ein paar Tagen auf, dass vieles anders ist und die Kinder über Dinge reden, die sie nicht wirklich verstehen. Beim Einkaufsbummel bemerken sie, dass in den Geschäften eine andere Art von Kleidung angeboten wird. Stil und Farben sowie aktuelle Trends unterscheiden sich, je nachdem aus welchem Land Sie zurückkehren, erheblich. So ist es auch mit den Nahrungsmitteln. Das, was am Anfang sehr lecker geschmeckt hat, scheint nun langweilig und fade. Bei Schulbeginn wirkt alles fremd und ungewohnt.

3. Entfremdungsphase: Die „Phase der Entfremdung" beginnt mit dem Gefühl, nicht dazuzugehören. Alles scheint einen festen Ablauf zu haben und jeder weiß, wie er sich verhalten soll. Die Neuangekommenen sind verunsichert. Wann und wem sollte man die Hand geben und wer ist zuständig für welche Fragen? Warum haben vorhin alle gelacht und woher wussten die Mitschüler, in welchem Raum der nächste Unterricht stattfinden soll? Unsicherheit, Verwirrung, Chaos all das findet in dieser Phase statt. Die Eltern, die in ihr Heimatland zurückkehren, erleben das genau wie die Kinder, die sich im Land noch nicht auskennen.

4. Verurteilungsphase: Schnell kann sich diese Phase weiterentwickeln in eine Haltung des „Verurteilens". Sätze wie „Bei uns in Kenia haben wir das ganz anders gemacht." oder „In Russland sind wir im Winter im Eis baden gegangen und ihr friert hier schon bei lauwarmer Wassertemperatur." fallen dann schnell.

Wer in ein Verurteilen anderer, äußerlich durch Worte oder auch innerlich durch eine bestimmte Haltung, rutscht, wird sich selbst isolieren. Die Gefahr zum Außenseiter zu werden, ist groß. Andere Kinder möchten nichts mit diesem Neuankömmling zu tun haben, der alles besser weiß. Ein inneres Zurückziehen kennzeichnet die nächste Phase, den „Rückzug". Die neue Umgebung scheint gefährlich und schwierig. Am liebsten würden die Rückkehrer ihren Koffer packen und wieder zurück ins Ausland gehen. In den meisten Fällen ist dies nicht möglich, gerade für Kinder und Jugendliche, also ziehen sie sich zurück. Die ersten drei Phasen, Touristenphase, Ernüchterungsphase und die Phase der Entfremdung, sind normale Etappen im Prozess der Transition. Verurteilen oder nicht verurteilen ist jedoch eine Entscheidung. Kinder und Jugendliche können nicht beschließen, ob und wann sie von einem Land ins andere ziehen, aber sie können sich entscheiden, ankommen zu wollen. Für viele Kinder ist es sehr schwierig, ihre bekannte Welt hinter sich zu lassen. Die Entscheidung, nun im Heimatland der Eltern oder einem neuen Land ankommen zu wollen, ist keine leichte, schnelle Entscheidung. Um diesen Schritt zu gehen, ist es wichtig, ausreichend Zeit zu haben, die Erfahrungen der letzten Jahre wertschätzend zu betrachten. Ein Rückkehrseminar, persönliches Debriefing oder Coaching unter fachlicher Anleitung unterstützt Kinder und Jugendliche, Erlebtes zu integrieren und dann den Schritt auf ein neues Erleben hin zu wagen.

Eltern, die die Tür zu dem, was sie in der Vergangenheit erlebt haben, nicht schließen, erschweren ihren Kindern den Neueinstieg.

„Nur, wenn die Tür zum Alten geschlossen wird, öffnet sich ein Zugang für das Neue, eine Tür für den jetzigen Augenblick. ... Wer nie Türen schließt, der steht immer im Durchzug. Doch das tut seiner Seele und seinem Leib nicht gut. Unser Leben braucht geschlossene Räume, damit es sich ent-

faltet, damit die Begegnung möglich wird und wir uns auf den
jeweiligen Augenblick einlassen können."[22]

Unsere Kinder sind globale Einwohner geworden. Kommunikation über Kontinente hinweg ist einfach geworden. Das hat Vor- und Nachteile.

Es ist ein großer Vorteil, wenn Freundschaften über Jahre gepflegt werden können. Wenn Kinder in Schul- oder Teenageralter entweder ins Ausland gehen oder zurückkehren, können sie ihre Freundschaften über soziale Netzwerke und das Internet weiter behalten.

Es kann auf der anderen Seite auch das Ankommen im Land erschweren. Wer immer nur mit den Freunden von „dort" kommuniziert, findet es schwer im „hier" anzukommen.

Eltern können mit dem Kind oder Jugendlichen gemeinsam herausfinden, wie viel Kontakt hilfreich ist. Ausgewogenheit und Balance sind hier ganz besonders wichtig.

....

22 Grün, 2008, S. 10.

FREUNDE

AB 10 JAHREN:

- Welche Freunde ermutigen dich zur Zeit?
- Woran merkst du das?
- Welche Freunde helfen dir, mehr hier anzukommen?
- Welche Freundschaften hast du noch aus deiner Zeit im Ausland?
- Mit welchen dieser Freunde bist du besonders gerne zusammen?
- Welche Freunde stärken deine deutsche (österreichische, schweizer) Seite?
- Trage hier in diese Kreise deine Freunde ein.

Aufwachsen und Leben im Ausland bringt sehr viele positive Aspekte mit sich. TCKs lernen nicht nur, zwischen Sprachen und kulturellen Gegebenheiten zu unterscheiden, sie erkennen sogar unterschiedliche Gerüche und Körperwahrnehmungen in der jeweiligen Kultur. Sie sind echte Experten in einer globalisierten Welt.

Berühmte Persönlichkeiten, die einen Teil ihrer Kindheit in einem anderen Land verbracht haben, sind z.B.:

- Die Oskar-Gewinnerin Natalie Portman, die in Jerusalem geboren wurde und mit drei Jahren mit ihrer Familie in die USA zog.

- Die Schauspielerin Sandra Bullock, die ihre Kindheit bis zu ihrem zwölften Lebensjahr in Deutschland verbrachte, bevor sie in die USA mit ihren Eltern zurückkehrte.
- Einer der bekanntesten Wissenschaftsvermittler, Ranga Yogeschwar, ist Sohn eines indischen Ingenieurs und einer luxemburgischen Kunsthistorikerin. Er verbrachte seine Kindheit in beiden Ländern, bevor er Musik und Physik studierte.
- Ralph Caspers, bekannt durch Kinderwissenssendungen im Fernsehen, wurde in Borneo geboren. Seine Eltern arbeiteten im Dschungel für eine Hilfsorganisation, die junge Affen großzog. Kurz bevor seine Schwester geboren wurde, zogen seine Eltern zurück nach Deutschland.
- Die Moderatorin und Musikerin Shary Reeves ist auch aus zahlreichen Kindersendungen bekannt. Als Tochter eines kenianischen Philosophieprofessors und einer tansanischen Krankenschwester wuchs sie in New York und Köln auf.
- Der ehemalige Präsident der USA, Barack Obama, wurde auf Hawaii geboren und hat einige seiner prägenden Jahre in Indonesien verbracht. Diese Jahre beeinflussten sein Denken und halfen ihm, ein größeres Weltbild zu entwickeln.
- HRH Catherine, Dutchess of Cambridge, ehemals Kate Middleton, die zwischen ihrem zweiten und vierten Lebensjahr in Jordanien lebte. Ihre Eltern waren bei British Airways beschäftigt und dort für eine Zeit lang stationiert.

Die 19-jährige Jenny beschreibt ihre Erfahrungen als TCK:

„Neue Situationen schnell zu erfassen und sich anzupassen, ist ganz einfach für ein TCK. Als ich nach Deutschland kam um zu studieren, wurde mir sehr schnell bewusst, wie wert-

voll meine Erfahrungen im Ausland waren. Für mich war es ganz einfach, neue Kontakte zu Mitstudenten zu knüpfen. Viele meiner Mitstudenten taten sich schwer damit am Anfang. Auch die verschiedenen Sprachen, die ich gelernt hatte, waren sehr hilfreich."

Viele TCKs entwickeln exzellente Fähigkeiten in Kommunikation und im Bereich der Diplomatie. Diese im Leben erlernten Fähigkeiten helfen ihnen später in ihrer beruflichen Entwicklung. „Das einzige Problem für mich ist, dass ich den Reisevirus immer mit mir trage", sagt Jenny, „aber ich habe mich schon für ein Auslandssemester in meinem Studium eingetragen".

„Eine Ananas lebte ein normales Leben wie jede andere Ananas. Sie roch nach Ananas, sah so aus, lebte und sprach wie eine Ananas. Eines Tages wurde die Ananas unter Äpfel gesteckt. Die Äpfel betrachteten sie verdächtig. Sie war doch so anders. Ihre Farbe war anders, sie war von außen nicht so geschmeidig wie die Äpfel, sie roch anders als sie. Aber sie bewunderten sie auch. Sie war so viel größer als sie und ihre Krone, nein, was war das für eine schöne Krone!

Die Ananas versuchte mit den Äpfeln zu kommunizieren. Aber keiner konnte sie verstehen, schließlich sprach sie Ananesisch und nicht Apfellesisch. Aber die Ananas gab sich Mühe und mit der Zeit begann sie Apfellesisch zu verstehen und auch zu sprechen, zwar mit Akzent, aber die Anderen konnten sie verstehen. Sie hörte den Äpfeln zu, wie sie von ihrem Leben erzählten, das so anders war als ihres bis jetzt gewesen war. Die Äpfel erzählten davon, wie sie voller Freiheit an dem Baum gegangen hatten. Wie sie nie alleine, son-

dern immer in einer Gruppe aufgewachsen waren. Mit der Zeit fühlte die Ananas sich immer wohler unter den Äpfeln. Aber ihr Zuhause vergaß sie nicht.

Eines Tages wurde die Ananas wieder zu den anderen Ananas gelegt. Wie sie sich freute, wieder in bekannte Gesichter zu sehen und die ihr vertraute Sprache zu sprechen. Alle waren neugierig und stellten viele Fragen über das, was die Ananas erlebt hatte. Sie erzählte begeistert von den Äpfeln, ihrem Geruch, ihrer Sprache und von dem Leben, das sie führten. Nach einiger Zeit jedoch begann die Ananas, die Äpfel zu vermissen. Ihre Geschichten und ihr Lachen. Sie fühlte sich hin und her gerissen zwischen ihrem Leben unter den Ananassen und dem unter den Äpfeln. Die Ananas war nie wieder die gleiche." (von Carola Santos)

● ● ● ●

ADHS und Transition

PRAKTISCHE UNTERSTÜTZUNG

AD(H)S

Lukas kam mit seinen Eltern zu einem Rückkehrseminar. Seine zwei Jahre ältere Schwester sowie seine Eltern und er hatten ein Jahr im Ausland verbracht. Es war schon lange der Wunsch der Eltern gewesen, einmal für einen etwas längeren Zeitraum mit der ganzen Familie im Ausland zu leben und zu arbeiten. Aufgrund der sehr einfachen Bedingungen und der weiten Entfernung zur nächsten Auslandsschule, hatte sich die Familie für Fernunterricht während des Auslandsaufenthaltes entschieden.

Es stellte sich heraus, dass diese Erfahrung für Lukas sowie für die ganze Familie eine außerordentlich herausfordernde Zeit war. Lukas konnte sich nur sehr schwer an die Vereinbarungen für feste Lernzeiten halten. Jeden Tag versuchte er, durch Diskutieren und auffälliges Verhalten den Lernplan zu stören. An manchen Tagen war ein Unterrichten nicht möglich. Lukas konnte nicht auf seinem Stuhl sitzen bleiben. Immer wieder wollte er den Raum verlassen und nach draußen gehen. Die Versuche der Eltern, ihn zu motivieren, endeten immer öfter in einer Eskalation. Lukas hielt sich nicht an abgesprochene Regeln und konnte sich zum Teil gar nicht mehr an Abmachungen erinnern. Er liebte es, in der freien Natur Tiere und Pflanzen zu beobachten. Oft wollte er einfach nur draußen sein. Immer öfter litt er auch unter Stimmungsschwankungen. So konnte ein plötzlicher Wutanfall in ein trauriges Weinen übergehen oder eben noch ausgelassenes Lachen konnte plötzlich in wütende Schimpfworte übergehen. Die Familie kannte diese Verhaltensweisen in dieser Intensität von vorherigen Erfahrungen in der Heimat nicht.

In seiner Heimat in den USA war Lukas in eine örtliche
Schule gegangen und war Teil des dortigen Football-Teams.
Lukas war schon immer sehr aktiv gewesen und Sport war
seine Leidenschaft. Außerdem hatte er es geliebt, mit seiner
Hündin Dora täglich zu spielen. Durch die große räumliche
Nähe, die die Familie im Ausland hatte, waren manche auffal-
lenden Verhaltensweisen deutlich mehr in den Vordergrund
gerückt.

Transition von einer Kultur in die andere mit allem was dazu
gehört, beeinflusst jedes Kind. Worin liegt der Unterschied zu
einem Kind mit ADHS und vor welchen besonderen Herausforderungen steht dieses Kind?

AD(H)S ist eine Aufmerksamkeits-Defizit-Störung bzw. Auf-
merksamkeits-Defizit-Hyperaktivitätsstörung. Typische Cha-
rakteristika von AD(H)S können unter anderem sein:
• Hohe Aktivität und Experimentierfreude
• Motorische Unruhe, geringe Frustrationstoleranz, häufige
  Wutausbrüche
• Erhöhte Risikobereitschaft und ein damit verbundenes
  erhöhtes Unfallrisiko
• Häufige Schwierigkeiten beim Lesen und Schreiben
• Konzentrationsschwierigkeiten
• Starke Gefühlsschwankungen
• Hohe Impulsivität
• Versagensängste
• Aggressivität

Zu möglichen Ursachen für AD(H)S wurden in den letzten Jahren viele wissenschaftliche Studien veröffentlicht. Eindeutig
ist, dass der Erziehungsstil der Eltern keinesfalls die Ursache

für AD(H)S ist. Es handelt sich vielmehr um eine neurobiologische Funktionsstörung, die auf eine Regulationsstörung verschiedener Botenstoffe wie Serotonin, Dopamin und Noradrenalin zurückzuführen ist. Dopamin und Noradrenalin sind zuständig für die Aufmerksamkeit, den Antrieb und die Motivation. Serotonin ist für die Regelung der Impulskontrolle zuständig. In den davon betroffenen Gehirnarealen werden Informationen unzureichend weitergegeben. Dies führt zu Unaufmerksamkeit und beeinflusst die Wahrnehmung.

Die Fehlregulierung hängt nach neusten Erkenntnissen in hohem Maß von genetischen Faktoren ab. Das bedeutet, dass häufig nicht nur das Kind selbst betroffen ist, sondern auch möglicherweise ein Elternteil, sowie später eigene Kinder.

Kinder mit AD(H)S nehmen Eindrücke häufig ohne Filter oder ohne ausreichenden Filter wahr. Unzählige Eindrücke stürmen gleichzeitig auf sie ein und das macht es ihnen sehr schwer, sich zu konzentrieren. Umweltgifte, Nahrungsmittelallergien, Nikotin und Alkohol sowie Sauerstoffmangel bei der Geburt stehen außerdem in Verdacht, AD(H)S zu begünstigen. Bewegungsmangel, Zeitdruck sowie erhöhter Fernseh- und Computerkonsum können sich ungünstig auf das Wohlbefinden und Verhalten eines Kindes mit AD(H)S auswirken. Gesellschaftliche Normen können je nach kulturellen Gegebenheiten einen positiven oder negativen Einfluss auf die Entwicklung von AD(H)S haben.[23]

Was können Eltern in dieser Phase der Transition tun, um ihr Kind besonders zu unterstützen?

....

23 Vgl. Döpfner u.a., 2013, S. 12 ff.; Abelein, Stein, 2017, S. 64 ff.

Kinder mit ADHS leiden oft unter Teilleistungsstörungen, wie z.B. einer Leserechtschreibschwäche. Ein Teil der Kinder entwickelt ein aggressives Verhalten gegenüber Gleichaltrigen und Erwachsenen. Auf Ermahnungen reagieren viele Kinder mit ADHS mit aggressivem Verhalten oder Wutanfällen. Misserfolge werden oft persönlich genommen. Das auffällige Verhalten des Kindes wird oft als unerzogen von anderen gewertet. Eltern geraten damit zunehmend unter Druck. Die Negativspirale verstärkt sich, wenn Eltern versuchen, diesen Druck an das Kind weiterzugeben. Die Lage spitzt sich zu und erschwert ein normales Familienleben. Alle Familienmitglieder leiden darunter.

Einerseits brauchen Kinder mit ADHS einen klar strukturierten Tagesablauf, andererseits sind sie sehr freiheitsliebend und entdecken ihre Umwelt gerne selbst.

Lars war in Südamerika geboren. Er liebte es, durch den nahegelegenen Wald zu streifen und auf Bäume zu klettern. Zusammen mit seinen Geschwistern besuchte er eine kleine Schule für ausländische Kinder. Nach dem Mittagessen gab es immer ganz viel Raum für ihn, um seinen Tagesablauf selbst zu gestalten. Er war ein Spezialist für seltene Spinnen und besondere Schmetterlingsraupen geworden. Sehr sorgfältig hatte er die unterschiedlichen Sorten konserviert und in Gläsern auf einem Regal aufgereiht. Vor einigen Monaten war der Vertrag seines Vaters in Brasilien ausgelaufen und die Familie kehrte in die Heimat zurück.

Das Verhalten von Lars hatte sich sehr geändert, seit die Familie nach Deutschland zurückgekehrt war. Oft war er schlecht gelaunt und wurde immer wieder auch laut und aggressiv seinen Geschwistern und Eltern gegenüber. In der Schule fiel es ihm schwer, auf dem Stuhl sitzen zu bleiben. Immer wieder bekam er Strafarbeiten vom Klassenlehrer für sein unangepasstes Verhalten. Wurde er auf sein Verhalten angesprochen, wollte er sich oft nicht dazu äußern oder weinte. Die Eltern waren verunsichert und versuchten, ihm zuzureden. Die ganze Familie war sichtlich gestresst. Erst nachdem Sie einige Monate später das Gespräch mit dem Kinderarzt suchten, wurde durch genaues Nachfragen des Kinderarztes klar, dass Lars Unterstützung braucht.

Störungen wie in diesen beiden Beispielen von Lars und Lukas, können in den ersten sechs Monaten nach der Ausreise bzw. nach der Rückkehr vermehrt auftreten. Veränderungen im persönlichen Bereich, ein unregelmäßiger Lebensrhythmus, sowie emotionale Herausforderungen, sind für Kinder mit AD(H)S besonders schwer zu bewältigen. (Siehe die „Stresstabelle" ab Seite 64).

Die Anlage für AD(H)S ist nach neusten wissenschaftlichen Erkenntnissen erblich. Unklare, unzuverlässige oder schnelle Beziehungswechsel sowie ungeordnete Tagesabläufe über einen längeren Zeitraum können dazu beitragen, dass AD(H)S ausgelöst wird. Auch belastende Erlebnisse oder plötzlich auftretende starke Veränderungen können die Auswirkungen von AD(H)S verstärken. Halten die Symptome länger als sechs Monate an, sollten Sie ein Gespräch mit Ihrem Kinderarzt suchen oder einen Kinder- und Jugendpsychiater aufsuchen. Verschiedene Untersuchungen können eine deutliche Diagnose ermöglichen. Ausgebildete Kinder- und Jugendpsychiater sowie Psychotherapeuten können mit Ihnen gemeinsam ein Programm zur Unterstützung Ihres Kindes erarbeiten.

PRAKTISCHE UNTERSTÜTZUNG

Häufig kommt es zu einem negativen Kreislauf durch die starke Verhaltensauffälligkeit des Kindes. Um die Beziehung zu stärken, ist es ganz wichtig, diesen Kreislauf zu durchbrechen.

Wie bereits in vorhergehenden Kapiteln beschrieben, sind kleine Regelmäßigkeiten im Familienalltag in Transitions-Phasen enorm wichtig. Für ein Kind mit ADHS ist dies noch viel wichtiger. Routine unterstützt Ihr Kind bei der Konzentration.

Eine klare Struktur im Tagesablauf sowie eindeutige Verhaltensregeln sind sehr wichtig. Formulieren Sie einfache klare Anweisungen, in wenigen Worten. Achten Sie dabei besonders darauf, als Eltern eine gemeinsame Kommunikationslinie zu haben. Schirmen Sie Ihr Kind vor zu viel neuen Begegnungen auf einmal ab. Vermeiden Sie überflüssiges Reden, legen Sie Regeln schriftlich fest und achten Sie auf deren Einhaltung.

Ganz besonders wichtig ist es, die positiven Eigenschaften Ihres Kindes besonders zu beachten. Loben Sie seine besonderen Eigenschaften und sprechen Sie in einem freundlichen, respektvollen Ton.

CHECKLISTE:

Besondere Eigenschaften

• Das freut mich besonders an dir: (deine Art zu lächeln, dein fröhliches Hüpfen, dein starkes …)

• Du kannst sehr gut … (mit Tieren umgehen, schnell laufen, laut singen …)

• Ich mag … (deine Stimme, wenn du zum kuscheln kommst, deine schönen Locken …)

Bieten Sie Ihrem Schulkind verschiedene Eigenschaftswörter (wie z.b. fleißig, schnell, freundlich, hilfsbereit …) an und überlegen Sie jeden Abend, welche dieser Eigenschaften es heute eingebracht hat. Sie können kleine Zettel mit den jeweiligen Eigenschaften vorbereiten und dem Kind anbieten. Jeden Abend kann es drei auswählen und erklären, was ihm heute gelungen ist. Fragen Sie Ihr Kind, was es seiner Meinung nach besonders gut kann. Finden Sie dann gemeinsam heraus, wo es das zurzeit vermehrt tun könnte.

Ganz besondere Stärken von Kindern mit AD(H)S können beispielsweise eine sehr hohe Sensibilität und Beobachtungsgabe, Neugier, Hartnäckigkeit oder Kreativität und Spontanität sein. ADHS kann, vorher unbemerkt, im Prozess der Transition deutlich auftreten. Beobachten Sie Ihr Kind. Unterstützen und schützen Sie es. Unbehandeltes AD(H)S kann im frühen Jugendalter verstärkt zu einem Suchtverhalten oder Depressionen führen.

Anhang

WEITERFÜHRENDE LINKS

SCHULISCHE FÖRDERUNG

Deutsche Fernschule: www.deutsche-fernschule.de

DEUTSCHES / INTERNATIONALES ABITUR

Kultusministerkonferenz: www.kmk.org
(Suchbegriff: „Deutsches Internationales Abitur")

Internationale Schulen in Deutschland:
www.internationale-schulen.de

Besser Bilden: www.besser-bilden.de
(Suchbegriff: „Bilinguale Schulen")

Für Österreich: Just Landed: www.justlanded.com
(Suchbegriff: Internationale Schulen in Österreich)

Für die Schweiz: Modula AG: www.ausbildung-weiterbildung.
ch (Suchbegriff: Bilinguale Schulen)

BERUFSORIENTIERUNG UND PRAKTIKUM

Bundesinstitut für Berufsbildung: www.berufswahlpass.de

Deutsches Institut für Erwachsenenbildung – Leibniz-Zentrum für Lebenslanges Lernen e.V.: www.profilpass.de

Schülerpraktikum.de: www.schülerpraktikum.de

QUELLEN

ABELEIN, Philipp, STEIN, Roland: Förderung bei Aufmerksamkeits- und Hyperaktivitätsstörungen, Stuttgart: Kohlhammer Verlag, 2017

BERNDT, Christina: Resilienz: Das Geheimnis der psychischen Widerstandskraft. Was uns stark macht gegen Stress, Depressionen und Burn-Out, München: Deutscher Taschenbuch Verlag, 2013

BIDDULPH, Steve: Das Geheimnis glücklicher Kinder, 27. Auflage, München: Heyne Verlag, 2001

BREUER, Hubertus: Süddeutsche Zeitung, Magazin, 29. Dezember 2010

BUCAY, Jorge: Geschichten zum Nachdenken, 5. Auflage, Frankfurt am Main: Fischer Verlag, 2009

DOUBEK, Katja: Was uns nicht umbringt, macht uns stark: Wie man eine schwierige Vergangenheit überwindet, Reinbek: Rowohlt Taschenbuch Verlag, 2003

DÖPFNER, Manfred, *FRÖHLICH,* Jan, *LEHMKUHL,* Gerd:
Aufmerksamkeitsdefizit-/ Hyperaktivitätsstörung (ADHS),
2. überarbeitete Auflage, Göttingen: Hogrefe Verlag, 2013

ERIKSON, Erik: Jugend und Krise die Psychodynamik im
Sozialen Wandel, 5. Auflage, Stuttgart: Klett-Cotta Verlag,
2003

ELLKIND, David : Das gehetzte Kind, Deutschsprachige
Auflage, Hamburg, Bastei-Lübbe-Taschenbuch, 1991

GRÜN, Anselm: 50 Rituale für das Leben, Freiburg: Herder
Verlag, 2008

HOFSTEDE, Geert: Interkulturelle Zusammenarbeit,
Wiesbaden: Gabler Verlag, 1993

KUNZE, Petra und *SALAMANDER,* Catharina: Die schönsten
Rituale für Kinder, München: Gräfe und Unzer Verlag, 2008

KRÜGER, Andreas: Erste Hilfe für traumatisierte Kinder,
7. Auflage, Ostfildern:

MENNING, Hans: Das psychische Immunsystem:
Schutzschild der Seele, Göttingen: Hogrefe Verlag, 2015

POLLOCK, David, van *REKEN,* Ruth, *PFLÜGER,* Georg: Third
Culture Kids – Aufwachsen in mehreren Kulturen, Marburg:
Francke Verlag, 2003

SCHEIN, Edgar: Organisationskultur: The Ed Schein Corporate
Culture Survival Guide, 3. Auflage, Bergisch Gladbach: Ehp
Verlag, 2003

SICHEL, Nina: The trouble with third culture kids, http://
www.cmhnetwork.org/media-center/morning-zen/the-

trouble-with-third-culture-kids#sthash.Gt0vyA4q.dpuf, 2014, Stand: 10.04.2018

STIFTUNG DEUTSCHE DEPRESSIONSHILFE: Diagnose der Depression, https://www.deutsche-depressionshilfe.de/ depression-infos-und-hilfe/was-ist-eine-depression/ diagnose-der-depression, 2018, Stand: 15.05.2018

STRAUGHAN, Deirdré: You know you're a third culture kid when: http://www.beginningwithi.com/201%2/01/ you-know-youre-a-third-culture-kid-when/, 2010, Stand: 15.05.2018

WUSTMANN, Corina, *FTHENAKIS,* Wassilos: Resilienz. Widerstsandsfähigkeit von Kindern in Tageseinrichtungen fördern, 3. Auflage, Berlin: Cornelsen Verlag, 2011

LITERATUREMPFEHLUNGEN

SCHUPPENER, Jochen und Christine: *Rückkehr aus dem Ausland*, 2015

BILDERBÜCHER

WEITZE, Monika, BATTUT, Eric: *Wie der kleine rosa Elefant einmal sehr traurig war du wie es ihm wieder gut ging*, 2008

LOBE, Mira, WEIGEL, Susi: *Das kleine Ich bin ich*, 2016

STRESS UND TRAUMA

BUCCAY, Jorge: *Wege aus Schmerz und Verlust*, 2015

ELLNBY, Ylva: *Kinder unter Stress*, 2001

FISCHER, Christian: *Schattige Plätzchen – Mein Papa hat PTBS.* Evangelisches Kirchenamt für die Bundeswehr.

KRÜGER, Andreas: *Erste Hilfe für traumatisierte Kinder*, 2017

MENNING, Hans: *Das psychische Immunsystem: Schutzschild der Seele*, 2015

AD(H)S

DÖPFNER, Manfred, SCHÜRMANN, Stephan, LEMKUHL, Gerd: Wackelpeter und Trotzkopf-Hilfen für Eltern bei hyperkinetischem und oppositionellem Verhalten, 2011, 4. überarbeitete Auflage

AUST-CLAUS, Elisabeth, HAMMER, Petra-Marina: *Das ADS-Buch-Neue Konzentrationshilfen für Zappelphillipe und Träumer*, 2000, 3. Auflage

BARKLEY, Russel A.: *Das große ADHS Handbuch für Eltern. Verantwortung übernehmen für Kinder mit Aufmerksamkeitsdefizit und Hyperkativitätsstörung*, 2012

FARNKOPF, Rosemarie: ADS und Schule. *Tipps für den Unterricht und Hausaufgaben*, 2017, 4. Auflage

Arbeitsgemeinschaft ADHS: www.ag-adhs.de

Juvemus Vereinigung zur Förderung von Kindern und Erwachsenen mit Teilleistungsschwächen e.V.: www.juvemus.de

ADHS Deutschland e.V. Selbsthilfe für Menschen mit ADHS: www.adhs-deutschland.de

OpitMind-Institut: www.opti-mind.de

Hamburger Arbeitskreis ads | adhs: www.hamburger-arbeitskreis-ads.de

BABYS UND KLEINKINDER

BUTZ, Birgit, *MOHOS*, Anna-Kristina, *PAULZEN*, Vanessa: *Frühling, Sommer, Herbst & Winter mit Kindergebärden*, 2014

BUTZ, Birgit, *MOHOS*, Anna-Kristina, *KINDEL*, Unmada Manfred: *Singen, spielen, erzählen mit Kindergebärden*, 2017

GERICKE, Wiebke: *BabySignal – Mit den Händen sprechen. Spielerisch kommunizieren mit den Kleinsten*, 2009

KÖNIG, Vivian: *Das große Buch der Babyzeichen. Mit Babys kommunizieren, bevor sie sprechen können*, 2007

WEIDENHAUSEN, Susanne, *ASTOLFI*, Simone, *SCHUTT*, Karin: *Babys Zeichensprache*, 2008

DIE AUTORIN

Christine Schuppener hat mit ihrer Familie acht Jahre im Ausland verbracht und arbeitet seit vielen Jahren gemeinsam mit ihrem Mann als Interkultureller Coach. Sie begleitet regelmäßig Kinder und Jugendliche, die mit ihren Familien aus dem Ausland zurückkehren.

DANKSAGUNG

Ein ganz besonderes Dankeschön an alle, die mit ihren wertvollen Erfahrungen an diesem Buch mitgewirkt haben. Ohne die vielen Gespräche und den Austausch wäre dieses Buch nie zustande gekommen. Dabei möchte ich mich ganz besonders bei meinen Töchtern Jana, Clara und Joella bedanken, die mit sehr viel Engagement und vielen Stunden ganz wichtige Beiträge zu diesem Buch gegeben haben. Eure Ideen und Beiträge sind mir sehr wichtig. Meinem Mann Jochen danke ich ganz besonders für die Ermutigung, diese Idee aufs Papier zu bringen.